Karl Koppmann

# Hamburgs Kirchliche- und Wohltätigkeitsanstalten im Mittelalter

Karl Koppmann

**Hamburgs Kirchliche- und Wohltätigkeitsanstalten im Mittelalter**

ISBN/EAN: 9783743390737

Hergestellt in Europa, USA, Kanada, Australien, Japan

Cover: Foto ©ninafisch / pixelio.de

Weitere Bücher finden Sie auf **www.hansebooks.com**

# Hamburgs

## kirchliche und Wohlthätigkeits-Anstalten

im

## Mittelalter

von

## Dr. Karl Koppmann.

Hamburg, 1870.

Verlag von F. H. Nestler und Melle.

# Vorwort.

Die nachfolgenden Skizzen sind in ihrem ersten
Entwurf für den Hamburgischen Correspondenten
geschrieben und in dessen 139. Jahrgang No. 126,
132, 138, 144, 150, 162, 168, abgedruckt. Sie be-
zweckten nichts Weiteres, als ein grösseres Publi-
kum darauf hinzuweisen, wie die Hamburgische
Wohlthätigkeit, deren uns von Lappenberg gege-
bene Statistik eben in neuer Auflage erscheinen
sollte, auch während des Mittelalters lebendig gewesen ist; es war darin der Versuch gemacht,
die Wohlthätigkeit Hamburgs im Mittelalter in
einigen Bildern zur Anschauung zu bringen, welche
natürlich weder den Gegenstand erschöpfen, noch
überall Neues bringen konnten. Mehrfach von
Hamburgischen Freunden dazu aufgefordert, diese
Skizzen zusammenzustellen, habe ich mich lange
bedacht, ob ich jene anspruchslos aufgetretenen
Artikel durch den Wiederabdruck, beziehlich durch
eine Ueberarbeitung der weitergehende Anforde-
rungen stellenden Kritik aussetzen sollte; insbesondere das Interesse jedoch, welches einige der

besprochenen Anstalten neuerdings hervorgerufen haben, hat mich jenes Bedenken überwinden lassen. Eine Geschichte der geschilderten Institutionen habe ich natürlich nicht geben wollen; wäre das der Fall gewesen, würde statt eines dünnen Heftes kaum ein starker Band ausgereicht haben. Hier und da lag mir schon eine Bearbeitung vor, die ich benutzen, auf die ich verweisen konnte; Einiges, das ich hier nur angedeutet, hoffe ich selbst einmal ausführlicher behandeln zu können; Anderes muss Denen überlassen bleiben, denen die Umstände eine eingehendere Beschäftigung mit dem Gegenstande gestatten.

Hamburg, November 1869.

Karl Koppmann.

**D**ie mittelalterliche Wohlthätigkeit hat durchaus religiöse Beweggründe. Die Armenpflege war nicht die Sache der Gemeinden, sondern wurde von der Kirche gehandhabt; auch diejenigen Werke der Wohlthätigkeit, zu deren Ausübung sich mehrere Laien vereinigten oder die von dem Einzelnen verrichtet wurden, geschahen nicht wie heutigen Tages im Interesse der Humanität, sondern aus religiösen Beweggründen. Der Geber gab, wie man sich ausdrückte, um Gottes willen, gab, könnte man sagen, nicht als Mensch, sondern als Christ. Soll also von der mittelalterlichen Wohlthätigkeit Hamburgs die Rede sein, so ist es unvermeidlich, vorher von den Institutionen der christlichen Kirche zu sprechen, an welche diese Wohlthätigkeit sich anschloss.

## 1. Das Domkapitel.

Das Hamburgische Domkapitel ist bekanntlich an Stelle des von Anskar gegründeten Benediktinerklosters, das im Iahre 983 mit der ganzen Stadt der Wuth der Slawen erlegen war [1]), durch Erzbischof Libentius eingerichtet und — nach einer abermaligen Zerstörung Hamburgs durch die Slawen 1072 [2]) — um das Jahr 1140 durch Erzbischof Adalbero wieder hergestellt worden [3]). Die Geschichte des Erzbisthums Hamburg-Bremen hat es mit sich gebracht, dass das Hamburgische Kapitel niemals dieselbe Bedeutung in dem Erzbisthum gewann, welche das Bremische Domkapitel besass, dass es aber und insbesondere nach der de-

---

[1]) Thietmar v. Merseburg, 3, 11; M. G. 3, S. 704.
[2]) Adam v. Bremen 3, 63; M. G. 7, S. 361.
[3]) Wir besitzen nur eine undatirte Urkunde, Hamb. U. B. I. No. 162, in der Adalbero fratribus in eadem Hammenburgensi ecclesia ex nostra dispositione restitutis, ihre Besitzungen und Rechte bestätigt und vermehrt.

finitiven Uebertragung des erzbischöflichen Sitzes nach Bremen eine eigenthümlich selbstständige Stellung in Bezug auf die holsteinischen Lande einnahm [1]): im vierzehnten Jahrhundert steht es regelmässig mit den Bischöfen von Ratzeburg und Schwerin und deren Kapiteln zusammen, wenn es gilt, dem Erzbischof von Bremen gegenüber die alten Rechte zu vertheidigen.

Früh sind in Hamburg Bürgerliche Mitglieder des Kapitols geworden. Nur die Würde des Propsten (praepositus) blieb lange den Angehörigen gräflicher oder doch adelicher Geschlechter vorbehalten, denn da der Propst die äusseren Geschäfte des Kapitels zu führen und die Rechte desselben zu vertheidigen hatte, so war es von Wichtigkeit, dass der Inhaber dieser Würde schon durch seine Geburt der von ihm vertretenen Sache Nachdruck gäbe, dass er, wie es einmal heisst, mit kräftiger Hand die Rechte der Kirche und ihre durch das ganze Land zerstreut liegenden Güter zu vertheidigen vermöge [2]). Die hauptsächlichsten Geschäfte lagen dem Dechanten (decanus) ob, welcher auch die Disciplinargewalt über die Geistlichen hatte; er war in der Regel ein Mann von reiferem Alter, der zuerst einfacher Domherr gewesen war, dann ein oder das andere Amt im Kapitel bekleidet hatte. Der Scholastikus [3]) hatte die Aufsicht über das Schulwesen; er war ein wissenschaftlich gebildeter Mann, der auch seit 1289 den Schulmeister an der Kirchenschule zu St. Nikolai einsetzte [4]), aber nicht

---

[1]) Die Auseinandersetzung zwischen den beiden Kapiteln, Hamb. U. B. 1, No. 468, bestimmt unter Anderm: Trausalbini de Bremensi diocesi ad prepositurim Hammenburgensem pertinentes ad sinodum et capitulum Bremense non trahantur, nisi per appellationes.

[2]) Hamb. U. B 1, No. 717: qui potenter jura ipsius ecclesie et bona, que sita sunt sicut pro certo didicimus in medio nacionis perverse, defendere valeat et tueri; vgl. daselbst 1, No. 719.

[3]) Ueber die Stellung des Scholastikus s. Ed. Meyer, Gesch. des Hamb. Schul- und Unterrichtswesens im Mittelalter S. 32 ff.

[4]) Hamb. U. B. 1. No. 843: Scolasticus Hamburgensis — magistrum instituet pro sua voluntate et competentem ad puerilia documenta ipsis scolaribus informanda. Bei Bestätigung der Errichtung dieser Schule hatte Papst Martin IV. 1281 den juratis ecclesie sancti Nicolai das Recht zuerkannt, magistrum statuere et destituere pro libitu sue voluntatis, mediante

selbst zu unterrichten brauchte. Der Kustos, oder Thesaurarius, der die Aufsicht über das Archiv des Domkapitels führte, war der letzte Würdenträger. Erst im
Jahre 1277 wurde das Amt eines Kantors geschaffen [1]),
während die übrigen Dignitäten seit der Wiedererrichtung
des Kapitels entweder nachzuweisen sind oder doch vor-
ausgesetzt werden müssen [2]). Die Inhaber dieser Würden
wurden Prälaten genannt [3]).
Jeder Prälat hatte wie die übrigen Domherren seine
Präbende, d. h. Liegenschaften und Renten, deren Ertrag ihm seinen Unterhalt gewährte. Wie viele Präbenden
es ursprünglich gab, wissen wir nicht, da uns eine eigentliche Stiftungsurkunde nicht erhalten ist und in den älteren
Dokumenten die Domherren nur selten in grösserer Zahl
vorkommen. Die sog. Präbende in Ditmarschen ward 1165
von Bovo, einem erzbischöflichen Lehnsmann, gestiftet [4])
und 1256 vom Dechanten Berthold in ihren Einkünften
vermehrt [5]). Im Jahre 1195 finden wir ausser dem Propsten
zehn Domherren genannt [6]), 1246 gab es, wie wir durch
ein ausdrückliches Zeugniss wissen [7]), zwölf Präbenden;
die eine in der Zwischenzeit hinzugekommene war die
1212 vom Ritter Reiner von Pinnau gestiftete Präbende in

consilio et auxilio seniorum et discretorum virorum sepedicte
parrochie sancti Nicolai.
[1]) Daselbst 1, No. 769 u. 770.
[2]) 1162 (No. 224) ist Rudolf zugleich decanus et custos.
[3]) Consuetudines ecclesie: cuilibet prelato ecclesie, videlicet pre-
posito, decano, scolastico, thesaurario, cantori u. s. w.
[4]) No. 233: Erzbischof Hartwig überträgt ad petitionem fidelis
nostri Bovonis et pro remedio anime sue et suarum —
ecclesie decimam in Ciotene —, statuentes, quatinus ad hanc
aliqua digna a canonicis — instituatur et eligatur persona, que
tanquam canonicus in minori constitutus stipendio Deo et
ecclesie custodie deserviat. Augenscheinlich redet Hartwig
nicht als Stifter der Präbende, sondern als Lehnsherr des
Bovo in Bezug auf den Zehnten und als Erzbischof in Bezug
auf die Anwendung desselben.
[5]) No. 614: dominus Bertoldus decanus tenuitatem prebende in
Thitmarcia duorum mansorum proventibus, quos emit in
nova silva, nomine ecclesie augmentavit. Vgl. Necrol. capit.
Hamb. Okt. 12.
[6]) No. 309.
[7]) No. 534: Cum —i n Hammemburgensi (ecclesia) duodecim prebende consistant u. s. w.

Neu-Gamm [1]). 1265 werden in einer Urkunde Propst, Dechant, Kustos und acht Domherren als anwesend, und als abwesend der Scholastiker und vier Domherren genannt [2]), mithin gab es damals 16 Präbenden. Diese vier in der Zwischenzeit hinzugekommenen Präbenden sind: die erst nach langen Verhandlungen zu Stande gekommene gräfliche Präbende [3]), die beiden Präbenden des Friedrich von Haseldorf [4]) und die durch den Truchsess Hartwig gestiftete Präbende in Lütjenburg [5]). Im Laufe des 13. Jahrhunderts sind noch drei weitere Präbenden hinzugekommen: die erste nach 1255 aus dem Vermächtniss eines Bürgers Oslev und seiner Gattin Alburg dotirt [6]), eine zweite 1269 durch den Rathmann Thider gestiftet [7]) und die dritte 1282 durch das Testament des Domherrn Magister Dietrich Baur, Doctor decretalium, angeordnet [8]).

Die Präbenden wurden unterschieden als ganze oder grosse Präbenden (praebendae majores, integrae) und als kleine oder Kinder-Präbenden (minores, pueriles). Der Unterschied wurde bewirkt durch die grössere oder kleinere Summe, welche der Stifter für die Dotirung aufzuwenden vermochte: die praebenda major gab jährlich etwa dreissig Mark[9]), die praebenda minor etwa zwanzig Mark Einkünfte[10]). 1245 waren acht der damals bestehenden zwölf Präbenden majores [11]), also gab es vier minores; von den später gegrün-

---

[1]) No. 387: post obitum meum, quotiens necessitas expoposcerit, in eandem prebendam canonicum unum se electuros et ita deinceps spoponderunt. Vgl. Necrol. capit. Hamb. Apr. 23.

[2]) No. 685.

[3]) 1195 schon beabsichtigt Adolf III. zwei Präbenden zu stiften (No. 311); erst 1265 aber finden wir eine gräfliche Präbende als bestehend genannt (No. 682).

[4]) No. 603, 620, 621.

[5]) No. 634; vgl. Necrol. capit. Hamb. Sept. 16.

[6]) Necrol. capit. Hamb. Jun. 10 u. 28; urkundlich wird der Präbende 1300 Dez. 12 zuerst erwähnt (No. 929).

[7]) No. 739.

[8]) No. 803; vgl. Necrol. capit. Hamb. Mai 17.

[9]) No. 532: quelibet prebendarum istarum (der beabsichtigten gräflichen) circa triginta marcas denariorum valeat annuatim, et sic octo prebendis majoribus coequentur.

[10]) No. 739: Thider giebt viginti marcarum redditus — prebende nomine.

[11]) S. Anm. 9.

deten waren nur die gräfliche Präbende[1]) und die des
Thider minores[2]): folglich bestanden um 1300 dreizehn
praebendac majores und sechs minores. — Ein weiterer
Unterschied wurde dadurch gebildet, dass einige Präbenden
bestimmte Güter hatten, auf deren Ertrag ihre Inhaber angewiesen waren, die Sonder-Präbenden (praebendae speciales
oder non incorporatae) während die anderen, die inkorporirten
Präbenden (praebendae incorporatae), ihre Güter gemeinschaftlich besassen und den Ertrag nach Abzug der Kosten unter
sich theilten. Da die Inhaber der Sonderpräbenden für die
Verwaltung ihrer Güter selbst sorgen mussten, so werden
sie wohl auch als Domherren bezeichnet, welche eigene
Ausgaben haben (proprias expensas habentes). Die beiden
Präbenden des Friedrich von Huseldorf[3]) und die Präbende
des Truchsessen Hartwig[4]) waren inkorporirte Präbenden;
auch Magister Baur hatte gewünscht, dass seine Präbende
eine incorporata sein sollte[5]); die Stiftung Oslevs dagegen
wird als praebenda specialis bezeichnet[6]). — Auch die An-
wesenheit oder Abwesenheit eines Domherrn bewirkte einen

---

[1]) No. 793: Qui — redditus pertinebunt ad minorem prebendam,
ad quam — capitulum Johannem de Luneborg, notarium
nostrum, diaconum, recepit.
[2]) No. 739; vgl. No. 782: ad usus prebende minoris, quam
Thiderus — instituere curavit; Ztschr. für hamb. Gesch. 1,
S. 423: ad prebendam puerilem ecclesie sancte Marie in
Hamborg.
[3]) Das Kapitel bekennt (No. 621), quod ipsa bona cum majo-
rum prebendarum bonis decrevimus permisceri et ut eorum
proventus inter ipsarum prebendarum possessores et ceteros
majores canonicos, secundum ecclesie consuetudinem, equali
partitione dividantur; ita videlicet, quod antedicte persone
et earum successores nostrarum prebendarum fructus, quos
nunc habemus et quos in posterum consequi poterimus, cum
ipsarum prebendarum proventibus una nobiscum equaliter
sorcientur.
[4]) No. 634: Qui quidem reditus non erunt fructus prebende
specialis, vel ab aliis distincte, sed debent cedere in commu-
nes usus fratrum. Persona enim, quam capitulo presentavero,
debet esse de corpore ecclesie in omnibus ad canonicum spec-
tantibus.
[5]) No. 803: Que prebenda connumerabitur cum aliis majoribus
prebendis sine quavis distinctione in omnibus et per omnia.
Si vero capitulum hoc non approbaverit, maneat dicta prebenda contenta redditibus ipsius prebende comparatis.
[6]) Necrol. capit. Hamb. Jun. 28: Obitus Alburgis uxoris Oslevi,
que contulit ecclesie cum viro suo omnia bona sua ad prebendam specialem.

Unterschied. Da es Sitte geworden war, dass die Domherren gleichzeitig an mehreren Orten Präbenden besassen
und füglich ihre Obliegenheiten nicht überall erfüllen
konnten, so ward die Einrichtung getroffen, dass solchen
abwesenden Domherren (canonici absentes) zu-Gunsten
der anwesenden Domherren (canonici praesentes) ihre
Einnahmen gekürzt wurden. Die canonici praesentes sollten
aber auch in Wirklichkeit anwesend sein; alle halbe Jahr
aber konnten sie sich vierzehn Tage Urlaub vom Dechanten
erbitten; wünschten sie eine weitere vierzehntägige Frist,
so mussten sie sich an das Kapitel wenden; hatten sie dann
noch nach Weiterem Begehr, so war die Genehmigung sowohl
des Dechanten, wie des Kapitels nothwendig [1]). — Endlich
ist noch zu gedenken der Priesterpräbenden (praebendae
sacerdotales), deren Inhaber die Weihe eines sacerdos erhalten haben mussten und der ihnen auferlegten Verpflich-
tungen wegen canonici praesentes sein sollten: als solche
Priesterpräbenden werden uns die von den holsteinischen
Grafen, vom Truchsess Hartwig, von Oslev und von Magister
Dietrich Baur gegründeten Präbenden genannt [2]).

Nicht sofort mit dem Tode eines Domherrn waren
seine Einkünfte erloschen, sondern zur Tilgung seiner
Schulden, zu Messen für sein Seelenheil oder zu Almosen
wurden dieselben noch ein weiteres Jahr für ihn bezogen.
Das war die Bedeutung des Gnadenjahres (annus
gratiae), das Erzbischof Balduin 1174 einführte [3]). Spätere
Bestimmungen haben das näher geordnet: stirbt der Domherr zwischen Martini und Jakobi, so bezieht er die Einkünfte des folgenden Jahres als Gnadenjahr, stirbt er zwischen Jakobi und Michaelis, so erhält er die Einkünfte
von zwei Jahren, die des laufenden als wohl erworben, die
des folgenden als Gnadenjahr.

Bei der Gründung einer Präbende behielt sich wohl
der Stifter das Recht vor, dem Dechanten einen Kandidaten

---

[1]) Diese Verhältnisse ordnet No. 929 von 1300 Dez. 12.

[2]) No. 929: quatuor prebendarum sacerdotalium, scilicet comitis,
Bauri, dapiferi et Oslevi, personas prenotate abessendi licentie
expertes decernimus, quibus racione suorum beneficiorum,
cum presentes esse ac sua beneficia juxta oneris ipsius exi-
gentiam deservire debeant, hujuscemodi graciis minime licet
uti. — Vgl. 793, 634, 703 über die einzelnen Präbenden.

[3]) No. 241; vgl. No. 682.

für dieselbe zu präsentiren; nach seinem Tode aber fiel die Besetzung der Präbende dem Kapitel vollständig zu. Nur für die gräfliche Präbende ward ein fortwührendes Präsentations- oder Patronatsrecht (jus patronatus) den Grafen von Holstein zugestanden [1]. War der Gestorbene ein canonicus major, so wurde wohl der ülteste der canonici minores an seine Stelle befördert, doch konnte das Kapitel, wie Papst Alexander IV. 1259 ausdrücklich approbirte, auch mit Uebergehung sümmtlicher canonici minores über die Präbende verfügen [2]. — Eine weitere Konkurrenz in Bezug auf die Besetzung fand nur ausnahmsweise statt: der von dem Papst geschickte Legat (legatus missus, im Gegensatz von legatus natus) nahm das Recht in Ansprnch, die während der Dauer seiner Legation erledigten Präbenden zu vergeben [3], und ebenso beanspruchte in späterer Zeit der Kaiser nach dem Recht der ersten Bitte (preces primariae) die Vergabung bei der ersten nach seiner Erhebung eintretenden Vakanz.

Die innerhalb der Stadt belegenen Güter der Domherren waren dem Rathe zu den allgemeinen städtischen Leistungen, schot und schulde genannt, verpflichtet: nur die eigentlichen Wohnungen oder Höfe der Domherren, die Kurien, und einige Güter, welche Graf Adolf IV. dem Kapitel zu einem sog. ewigen Lichte geschenkt hatte, waren von diesen Abgaben befreit [4]. Es ist bekannt, wie oft wegen dieser Abgabenfreiheit, welche das Kapitel auch auf seine anderen städtischen Grundstücke auszudehnen trachtete, zwischen Rath und Kapitel gestritten worden ist.

Häufig besassen die Domherren zugleich Pfarreien, insbesondere in den holsteinischen Landen [5]. Einige waren auch Geheimschreiber bei den holsteinischen Grafen [6] oder

---

[1] No. 532.
[2] No. 639.
[3] No. 688; vgl. No. 717 u. 719.
[4] Vertrag zwischen Kapitel und Rath von 1269 Nov. 8: No. 740.
[5] S. die Register zum Hamb. Urkundenbuch und zum Necrol. capit. Hamb.
[6] Graf Gerhard hatte (No. 682) sich vorbehalteu: Volumus autem, ut quicunque prebendam ipsam a nobis receperit et possederit, nobis aut fratruelibus nostris aut eciam nostris et ipsorum heredibus serviat, dum necesse habuerimus, et quod idem ad id a capitulo benigna licencia tribuatur.

bei dem Rathe der Stadt [1]). Johann Schinkel, den wir als
Domherrn und Rathsnotar kennen, betrieb ausserdem kauf-
männische Geschäfte mit England [2]). Von der wissenschaftlichen Beschäftigung der Domherren hören wir in der Regel
nur, insofern in ihren Testamenten über ihre Bücher ver-
fügt wird [3]), doch führen mehrere den Titel eines Magisters
oder Doktors, hier und da besitzen wir auch Nachrichten
über Abschriften, welche sie angefertigt, und schon aus
dem dreizehnten Jahrhundert bewahrt noch heutigen
Tages unsere Stadtbibliothek ein sauber auf Pergament
geschriebenes ˙Erbauungsbuch [4]) des Domherrn Arnold von
Meldorf, Pfarrers zu Wilster.

---

[1]) Lappenberg, Tratzigers Chronica d. St. Hamburg S. XI. ff.
[2]) Necrol. capit. Hamb. Mrz. 23.
[3]) Besonders reichhaltig in dieser Beziehung ist das von Meyer,
Gesch. d. Hamb. Schul- u. Unterrichtswesens S. 361 ff. ver-
öffentlichte Buch; doch auch das Nekrolog des Domkapitels
enthält Manches.
[4]) Ztschr. für hamb. Gesch. 3, S 222.

## 2. Die Vikarieen, Almissen und Kommenden.

Ausser der in ihren Anfängen auf die Zeit Karls des Grossen zurückgehenden Domkirche [1]), die der Jungfrau Maria geweiht war, finden wir im letzten Jahrzehnt des zwölften Jahrhunderts die neu gegründete Kapelle des heil. Nikolaus und die offenbar schon lange bestehende Petrikirche [2]). Die letztere war die eigentliche Stadtkirche (ecclesia forensis), die einzige, so lange Hamburg auf den Raum des jetzigen Kirchspiels St. Petri beschränkt war. Die Nikolaikapelle dagegen wurde in der von Wirad von Boizenburg gegründeten Neustadt etwa um 1190 errichtet und dem Patron der Seefahrer, dem heil. Nikolaus, geweiht [3]). Beide Kirchen wurden 1195 dem Domkapitel untergeordnet, die Petrikirche von Propst Hermann, zu dessen Dignität sie bis dahin gehört hatte [4]), die Nikolaikapelle von Graf Adolf III., auf dessen Grund und Boden, wie die ganze Neustadt, so auch die Kapelle erbaut war [5]). Im dreizehnten Jahrhundert begegnen uns dann die Kirchen des heil. Jakob [6])

---

[1]) Vita Anskarii Kap. 12, M. G. 2, S. 698: Karolus—primitivam— ibi eccesiam—consecrari fecit.

[2]) Ein hohes Alter für die Kirchen St. Petri und St. Jakobi folgert Lappenberg, Programm Seite 49, Anm. 6 aus der ehemaligen grossen Ausdehnung ihrer Sprengel.

[3]) Hamb. U. B. 1, No. 310: mercatores a nobis petiverunt, ut in loco competenti eis capellam propter navium affluentiam in honore sancti Nicolai construere liceret. Quorum peticio, ut racionabilem sortiretur effectum, — nos fundum capelle predicte (sancti Nicolai) et omne jus, qund ad nos spectabat vel de jure spectare poterat, beate Marie—contulimus. Ueber den Anbau der Neustadt s. Koppmann, Beiträge 2, S. 7 ff.

[4]) Hamb. U. B. 1, No. 309: ecclesiam ejusdem loci forensem sancte Marie in Hammenburg—contulimus.

[5]) S. Anm. 3.

[6]) Ztschr. für hamb. Gesch. 1, S. 341, vor 1255: unum ortum juxta sanctum Jacobum. Hamb. U. B. 1, No. 589, 1255 Jan. 8: de pomerio nostro in Hammenborg contra ecclesiam sancti Jacobi sito. — S. oben Anm. 2.

und der heil. Katharina[1]), ohne dass uns über die Art und
die Zeit ihrer Erbauung irgend Etwas bekannt wäre[2]).

In jeder dieser Kirchen war die Seelsorge (cura animarum) einem Pfarrer (plebanus, rector, vicerector) übertragen. Dieser aber vermochte nicht, dem fortwährend
wachsenden Begehr nach gottesdienstlichen Handlungen Ge-
nüge zu thun, da kein Geistlicher öfter als einmal am Tage
die Messe lesen durfte. Der religiöse Sinn der Bevölkerung
errichtete deshalb ausser dem Hauptaltar Nebenaltäre, auch
wurden besondere Kapellen angelegt und in diesen weitere
Altäre erbaut. Insbesondere aber im Dom gab es schon im
vierzehnten Jahrhundert eine ganze Reihe von Kapellen
und Altären. Für jeden Altar wurde dann die Anstellung
eines, später regelmässig zweier Priester nothwendig, welche,
weil sie dauernd an Stelle des Rektors fungirten, vicarii
perpetui genannt wurden.

Die Vikare an jeder Kirche bildeten eine besondere
Körperschaft, die nach der betreffenden Kirche genannt
wurde; die Vikare im Dom hiessen vicarii in Summo. Der
einzelne Vikar wurde nach dem Altar bezeichnet, an welchem
er angestellt war, der Altar wieder nach seiner Lage in
der Kirche oder in einer der Kapellen, oder auch nach dem
Heiligen, zu dessen Ehren er gegründet und dotirt war. An der
Spitze der Vikare stand der vicarius summus, dessen Vikarie
in der Marienkirche lag; dann folgten, wie es scheint, die
Besitzer der vicaria diaconalis und der vicaria subdiaconalis.
Alle Vikare aber waren dem Domdechanten untergeordnet.

Da zu der Errichtung einer Vikarie keine besonders
grosse Summe erforderlich war, so nahm die Zahl derselben
ausserordentlich zu. Die älteste urkundlich nachzuweisende
Gründung geschah 1228 durch den Domherrn Helprad[3]), einen
gebornen Hamburger, der später Dompropst wurde; bald
darauf folgten die Vikarie des Ekbert vom Berge[4]), von

---

[1]) Ztschr. für hamb. Gesch. 1, S. 342, vor 1255: domum—
juxta sanctam Katerinam.

[2]) Koppmann, Beiträge 2, S. 10.

[3]) Hamb. U. B. 1, No. 492: altari, quod ante chorum ejusdem
monasterii (b. virginis) situm est — dimitto. — ad sustentacio-
nem sacerdotis L. suisque successoribus ibidem servituris—as-
signo; decano vero locationem ejusdem altaris post diem mei
obitus dimittendo.

[4]) Daselbst 1, No. 561: 1251 Jul. 15 vermehrt Johann vom
Berge die von seinem verstorbenen Vater ausgesetzte dotem

dessen Geschlecht die Barkhöfe ihren Namen tragen, die
Kapelle des Rathmannen Leo oder Löwe [1]), die Vikarie des
Dechanten Berthold [2]), die Vikarie des Altars ante faciem [3])
u. s. w. Die adelichen Familien aus der Umgegend, wie
z. B. die von Wedel und von Hamme, aber auch die an-
geschenen Hamburgischen Bürgerfamilien gründeten solche
Vikarieen, um den Inhabern derselben Seolmessen für sich
und ihre Angehörigen auferlegen zu können.
Eine noch grössere Vermehrung trat ein in Folge der
Ausdehnung des Patronatsrechtes. In älterer Zeit be-
schränkte sich das Recht, dem Dechanten zur Belehnung
mit der Vikarie einen Geistlichen präsentiren zu dürfen, auf
ein oder wenige Male [4]), nach und nach aber gestand man
zu, dass der Familie des Stifters das Patronatsrecht oder
die Lehnware bis auf hundert Jahre und selbst auf ewige
Zeiten übertragen wurde. Während noch in den ersten
Jahrzehnten des vierzehnten Jahrhunderts die meisten Vikarieen von dem Kapitel vergeben wurden, so dass jeder

altaris, quod situm est versus aquilonem in monasterio
ipsius (b. Marie) virginis.

[1]) Necrol. capit. Hamb. Mrz. 7: Obiit Leo laicus, qui fecit
vicariam ad capellam —. Dicta capella vocatur sancti Johannis
evangeliste. Der Altar St. Johannis wird 1255 (Hamb. U. B.
1, No. 600) genannt; in demselben Jahre wird uns der Rathmann Löwe als geistlicher Bruder des Domkapitels genannt
(No. 599).

[2]) Hamb. U. B. 1, No. 614, 1256: Bertoldus—decanus in ecclesia
Hammemburgensi — vicariam — fieri constituit specialem.
Necrol. capit. Hamb. Okt. 12: Instituit eciam altare sancte
Crucis.

[3]) Daselbst 1, No. 747, 1271 urkundet das Kapitel über die
Einkünfte und die Pflichten des vicarius altaris ante faciem
(salvatoris).

[4]) Hamb. U. B. 1, No. 492: decano vero locationem ejusdem
altaris post diem mei obitus dimittendo. — No. 561: mater
mea et ego et filius meus senior ad altare prefatum, cum va-
raverit, personam ydoneam instituendi habebimus potestatem.
Nobis vero decedentibus, non ad heredes nostros, sed ad
decanum Hammemburgensem persone institucio et provisio
libere pertinebit. — No. 614: Bertoldus decanus suis temporibus et decani postmodum in locum suum succedentes in
ipsam vicariam, cum vacabit, personam ydoneam instituendi
potestatem — optinebunt. — No. 747: Defuncto autem domini
Godescalci filio decanus et capitulum liberam illius altaris
habebunt collationem.

Domherr zwei Vikarieon zu verleihen hatte, kam es bald
dahin, dass eine ganze Reihe von Vikaricen gewissermassen
Familienstiftungen wurden, über die das jedesmalige Familien-
oberhaupt zu Gunsten eines seiner Verwandten verfügen
konnte, gewiss ein nicht unwesentliches Moment für die
Erklärung der wissenschaftlichen Versumpfung der Welt-
geistlichkeit in den letzten Jahrhunderten des Mittelalters.
Die Vikare waren durchgängig Hamburgische Bürger-
kinder. Es war ihnen verboten, mehrere Vikaricen zu
besitzen ¹), doch ist dieses Verbot wohl nicht strenge
durchgeführt. Häufig waren sie Rektoren von Kirchen
aus der Umgegend; auch als Notare finden wir sie vielfach
beschäftigt.

Ausser den Vikarieon gab es kleinere geistliche
Stiftungen, sogenannte Almissen (eleemosynae, stipae),
deren Inhaber eleemosynarii genannt wurden²). In Hamburg
sind mir dieselben nicht vor den letzten Jahrzehnten des
vierzehnten Jahrhunderts vorgekommen, und besonders habe
ich sie in den Kapellen der Spitäler gefunden. Beispielsweise
führe ich die Almisse der Fischer zu St. Jakobi an, die
1390 genannt wird, und den eleemosinarius Johann Rodonap,
der mit grosser Mühe aus einer Anzahl von kleinen Spenden

---

¹) Vgl. z. B. Statuten des päpstlichen Legaten. Bischofs Johann
v. Tuskulum v. 1287 Mrz. 18 § 11, Hamb. U. B. 1, S. 687:
Presbiterum duas vicarias recipere prohibemus omnino.

²) Lib. Her. S. Jac. fol. 204 b: Sciendum, quod piscatores in
civitate Hamburgensi dant certas elemosinas presbitero qui
celebret missam in ecclesia parrochiali beati Jacobi; ad quam
elemosinam spectat quedam boda jure proprietatis u. s. w.—
Ausserdem stelle ich die Nachrichten zusammen, welche der
Lib. Redd. S. Petri von 1301—1400 enthält: fol. 177, 1384:
perpetue elemosine quondam per parentes domine Katherine,
matris—domini Hinrici (Hama presbiteri) donate; fol. 191, 1386
und fol. 213b. 1391: elemosine sive — stipe facte per Johannem
Beren; fol. 194b, 1387: elemosine instaurate per Wilkinum
Nyendorpe; fol. 203, 1388 und fol. 214. 1391: stipa et elemosine facte per Johannem de Hachede; fol. 221, 1392: elemosine facte per Thidericum Gharsteden; fol. 222, 1392:
elemosine facte per Heynonem Twestrengh et Margaretam
ejus uxorem; fol. 227b, 1394: missa clemosinalis, quam pueri
domini Werneri Wigersen et dominus Heyno Ybing funda-
verunt, et quam nunc dominus Hinricus Wigersen officiat et
observat.

eine Almisse in der Kapelle St. Georg zu Stande brachte[1]).
Man muss sich hüten, bei der Almisse ohne Weiteres an ein
Almosen in unserem Sinne des Wortes zu denken, wenn-
gleich diese Bedeutung auch damals dem Ausdrucke beiwohnen
kann[2]): so wird z. B. 1385 ein Almissen erwähnt, welches
Wilkin Nyendorp in seinem Testament zu Gunsten seiner
armen Verwandten oder Nonnen oder anderer Armen Christi
gestiftet hatte[3]). Auch in einem umfassenderen Sinne wird
das Wort gebraucht, indem man alle zu religiösen und
wohlthätigen Zwecken einer geistlichen Stiftung auferlegten
Ausgaben als Almissen bezeichnet[4]).

Wohl nur dem Namen nach von den Almissen verschieden
sind die Kommenden, deren Inhaber commendistae genannt
werden. Beide Ausdrücke habe ich nicht vor dem fünfzehnten Jahrhundert bemerkt. Auch die Kommende liegt
an einem bestimmten Altar, wie die Vikarie; doch ist sie,
wie es scheint, mehr ein Anhängsel, als ein nothwendiges
Zubehör; manchmal wird wohl eine Kommende gegründet,
um einen Vikar bei dem ungenügenden Ertrage seiner Vikarie
zu unterstützen. Das Patronatsrecht über die Kommende
wird jus commendandi genannt.

Vollständig aufgeklärt sind diese Verhältnisse noch
nicht: in Bezug auf Domherren und Vikare reichen schon
die von Lappenberg publicirten Urkunden einigermassen
aus, für Almissener und Kommendisten fehlt es noch fast
ganz an zuverlässigem Material.

---

[1]) Lib. Redd. S. Jac. fol. 128b, 1392: Johannes Rodenap ele-
mosinarius in capella sancti Georgii.

[2]) Mekl. U. B. 1, No. 384, 1230—40: Insuper tenetur quilibet
confratrum suam elemosinam ad stipam vel ad expensam
pauperibus conferendam erogare; 3, No.1672,1283: elemosynam
quinque marcarum, que stipa dicitur, in paratis denariis
pauperibus erogabit.

[3]) Lib. Redd. S. Kath. fol. 126: ad usus elemosinarum factarum
per Wilkinum Nyendorpe bone memorie erogandarum suis
pauperibus consanguineis aut virginibus vel pauperibus Cristi,
ut in testamento per ipsum condito plenius est expressum.

[4]) Mekl. U. B. 3, No. 2203, 1293: Wolderus Magnus civis in
Parchim, — de redditibus sui altaris, quod—construxit—elemosinas assignavit perpetuis temporibus duraturas. Dann folgt
eine Menge interessanter Bestimmungen.

## 3. Memorien [1]).

Eine unendliche Reihe kirchlicher Stiftungen ist hervorgerufen durch die Verbindung des altchristlichen Gedankens,
für das Seelenheil eines Verstorbenen wirken zu können, mit
der altchristlichen Sitte, die Todestage verstorbener Märtyrer
aufzuzeichnen und mit Gebeten festlich zu begehen. Jener
Gedanke führte zu den Seelmessen, diese Sitte schuf all-
mählig unsere Heiligenkalender: aus ihrer Verbindung ist
das Anniversarium, die Memorie, hervorgegangen.
Glaubensbrüder und hinterbliebene Angehörige sandten
dem in das Jenseits Vorangegangenen ihre Gebete nach; es
entwickelte sich die Sitte, bestimmte Termine nach dem
Todestage durch Gebete auszuzeichnen, den dritten, den
siebenten, den dreissigsten Tag; man beging nach Jahresfrist
den Todestag aufs Neue mit Gebeten. Auf dieser Stufe
aber, scheint es, ist man, wenigstens in Deutschland, längere
Zeit stehen geblieben. Schon dass die erste Wiederkehr
des Todestages, das anniversarium, gefeiert wurde, scheint
noch im siebenten Jahrhundert durchaus nicht die Regel
gewesen zu sein. Erst im achten Jahrhundert war es auf-
gekommen, dass eine jährlich wiederkehrende Todtenfeier
am Todestage stattfand. Diese Art der Feier wurde anniversarium annuale oder, da sie später ausschliesslich in
Uebung blieb, a n n i v e r s a r i u m schlechthin, deutsch
Jahrzeit genannt. Die einfachste und häufigste Weise der
Feier ist die, dass der das Messamt begehende Priester den
Namen des Verstorbenen in der Todtenmesse (missa pro de-
functis) verliest und ihn so ins Gedächtniss zurückruft (in
animarum memoriam revocare). Dieses Gedächtniss des
Verstorbenen, die M e m o r i e, wird in der späteren Zeit
fast als gleichbedeutend mit dem Anniversarium angesehen.
Um für die Ruhe der Seele durch ein jährliches
Todtenamt zu sorgen, gründete man Kirchen, Kapellen und
Klöster, wurden Präbenden und Vikarieen dotirt. Als z. B.

[1]) Vgl. Georg Zappert, Ueber sogenannte Verbrüderungsbücher
und Nekrologien im Mittelalter, Sitzungsberichte der kaiserl.
Akademie der Wissenschaften, Phil. hist. Classe, Band 10,
S. 417 ff.

Herr Heinrich von Barmestedo zu Uetersen erschlagen war[1]),
stiftete sein Sohn Heinrich II. das dortige Kloster[2]); die
Angehörigen des von Heinrich von Heymbroko getödteten
Werner von Heymichudo verwandten die ihnen gezahlte
Mannbusse zur Dotirung einer von Herrn Bertram im Dom
erbauten Kapelle[3]). Dem Besitzer der Präbende oder der
Vikarie wurden dann Memorien auferlegt für den Stifter
und dessen Verwandte. Wer zu grösseren Stiftungen nicht
vermögend genug war, suchte wenigstens durch Schenkung
eines kleinen Kapitals eine jährliche Memorie zu erwerben,
die von den Renten desselben bestritten werden konnte. Da
eine sehr kleine Rente zu diesem Zwecke genügte, so kann
man sich nicht wundern, über die ausserordentlich grosse
Zahl der Memorien, die uns in den Hamburgischen Kirchen
und Klöstern begegnen. Verging doch nicht leicht ein
Tag, an dem nicht wenigstens eine Memorie zu begehen
war, und häufig genug fanden zwei oder drei an einem
Tage statt.

Natürlich, dass sich die Kirche die Tage verzeichnete,
an denen Memorien für verstorbene Wohlthäter oder in
Folge besonderer Dotirungen zu begehen waren. Es geschah
dies, indem man in einem gewöhnlichen Kirchenkalender
den Namen des Verstorbenen neben dem Namen des Heiligen
vermerkte, dessen Tag auch sein Todestag war. Ein solcher
Todtenkalender oder Nekrologium wurde im Mittelalter Gedächtnissbuch, liber memoriarum, genannt. Für
Hamburg besitzen wir ein solches aus dem Dom[4]) und aus
dem Mariä-Magdalenen-Kloster[5]), sowie Bruchstücke aus den
Kirchen St. Petri und St. Jakobi[6]), und dem Kloster Herwardeshude[7]). In der späteren Zeit sind diese Nekrologien
sehr umfangreich geworden, da man es für nöthig hielt,
ausser dem Namen des Verstorbenen verschiedene Umstände
zu verzeichnen.

Für die Geistlichen waren die Memorien eine wichtige

---

[1]) Ztschr. für hamb. Gesch. 6, S. 111 Anm. 1.
[2]) Seestern-Pauly, Beiträge zur Kunde der Geschichte — des
Herzogthums Holstein 2, S. 19.
[3]) Ztschr. für hamb. Gesch. 6, S. 72 Anm. 4.
[4]) Necrologium capituli Hamburgensis gedruckt in Ztschr. für
hamb. Gesch. 6, S. 21 ff.
[5]) Koppmann, Die mittelalterlichen Geschichtsquellen S. 60.
[6]) Staphorst I., 4, S. 392 ff.; 2, S. 878 ff.
[7]) Ungedruckt, im Liber privilegiorum Herwerd. pag. 54, 55.

Einnahmequelle. Domherren und Vikare, welche zu den
Vigilien und der Todtenmesse im Chor anwesend waren,
erhielten dafür ein Geldgeschenk. Es lag dies im Interesse
des Verstorbenen, da er dadurch der Fürbitte möglichst
Vieler sicher war. In der Regel erhielt der Domherr noch
einmal so viel, als der Vikar: more solito geschieht es,
wenn der Domherr duplum, der Vikar simplum erhält. Die
Domherren haben diese Bestimmungen einmal in ihrem
Interesse so auslegen wollen, dass die anwesenden Domherren
zusammen eben so viel erhalten sollten, als alle anwesenden
Vikare zusammen, haben aber ihr Unrecht eingestehen und
von solchem Verlangen ablassen müssen[1]). Die Grösse der
zu vertheilenden Summe schwankte ausserordentlich, an der
Domkirche von 8 β bis zu 5 ℔ 8 β. Letztere Summe
kommt nur ein einziges Mal vor, für den Domherrn Willekin
von Stade[2]); 4 ℔ werden schon häufiger bezahlt, selbst für
gewöhnliche Vikare; aber auch 3℔ sind noch sehr anständig,
wie denn z. B. Graf Johann von Holstein für sich selbst,
für seinen Vater Gerhard und für seinen Bruder Waldemar
Memorien mit 3 ℔ dotirt[3]); die bei Weitem grösste Zahl
schwankt zwischen 1℔ und 2℔. An den übrigen Kirchen
waren die Memorien natürlich mit geringeren Kosten zu
erworben, da hier die Zahl der Vikare eine viel geringere
war und das Geld für die Domherren wegfiel. Der Domherr
Johann von Soltzenhusen z. B. bestimmte, dass an seinem
Todestage 3 ℔ im Dome und ausserdem am 11. März in
der Domkirche 1 ℔, in den vier Pfarrkirchen je 6 β, in
der Kapelle des heil. Geist-Hospitals 3 β und in der Kapelle
des St. Georgs-Hospitals 1 β vertheilt werden sollten[4]).

---

[1]) Urk. v. 1346 Jul. 26, Ztschr. für hamb. Gesch. 6, S. 162:
Ceterum ut maliciis perversorum, qui malignis interpretacio-
nibus justiciam propter avariciam solent pervertere, obvietur
illud, quod in kalendario ecclesie nostre exprimitur de me-
moriis dandis, scilicet quod canonicis duplum, vicariis simplum
debet dari, sic declaramus et diffinimus fore intelligendum,
non quod redditns ad memoriam distribuendi in duas partes
equales debeant dividi, et una canonicis et alia vicariis appli-
cetur, sed totalis summa sic debet distribui, ita quod canonicus tantum duplum illius, quod vicario simplum detur,
percipiet, sic ut quando vicarius sex denarios recipit, quilibet
canonicus, qui presens fuerit, tantum duodecim denarios et
non plus habebit.

[2]) Necrol. cap. Hamb. Sept. 1.

[3]) Ztschr. für hamb. Gesch. 6, S. 90 Anm. 5.

[4]) Necrol. cap. Hamb. Aug. 26 und Mrz. 11.

Neben der Memorie am Todestage wurden für reichere
Leute auch an anderen bestimmten Tagen Memorien gehalten:
so hatte z. B. der Bürgermeister Heinrich Hoop eine Memorie
von 2 ℔ an seinem Todestage gestiftet und ausserdem auf
Ostern die Austheilung von je 12 und auf Michaelis von je
6 Pfenningen an jeden Geistlichen in Hamburg pro memoria
seiner selbst und seiner Vorfahren angeordnet[1]).
Selten fehlt eine nähere Angabe darüber, ob Domherren und Vikare gleichviel erhalten, oder ob das Geld
more solito unter sie vertheilt werden, und wie viel jedem
Anwesenden gegeben werden soll: das Regelmässige ist 1 β
für den Domherrn, 6 Pfenninge für den Vikar. 1346 gestattete das Kapitel ausdrücklich, dass man Memorien stiften
dürfe, bei deren Vertheilung die Domherren nicht mehr als
die Vikare erhalten sollten[2]).
Weiter verzeichnet das Nekrolog dasjenige Amt, dessen
Inhaber die Messe für den Verstorbenen zu halten und das
Memoriengeld zu vertheilen hat, und die Güter, deren Ertrag zu der Auszahlung desselben bestimmt ist. Viele
Memorien wurden von dem Domkapitel bestritten, aus den
gemeinsamen Gütern der inkorporirten Präbenden, die meisten
aber waren den einzelnen Präbenden und insbesondere den
Vikarieen auferlegt, und die Domherren und Vikare hatten
also Ursache, sich die verpflichteten Beneficien zu merken.
Ein Statut des Domkapitels von 1323 droht denjenigen
Beneficiaten, welche die ihnen auferlegten Memorien nicht
leisten würden, mit dem Ausschluss von der Erhebung aller
anderen Memoriengelder[3]); 1346 gestattete das Domkapitel
den Vikaren, ihm zwei Personen aus ihrer Mitte zu präsentiren, die es mit der Vertheilung derjenigen Memoriengelder
beauftragen wolle, zu deren Zahlung seine communia bona
oder sein commune corpus bonorum verpflichtet war[4]). Wo

---

[1]) Daselbst Jan. 3, Mrz. 27, Sept. 29.

[2]) Ztschr. für hamb. Gesch. 6, S. 163: permittimus gratanter
et concedimus, ut quilibet tam laycus, quam clericus, possit
redditus pro memoria sua in nostra ecclesia peragenda com-
parare, sic quod de ipsis redditibus non plus canonico, quam
vicario tribuatur, sed inter ipsos equaliter dividantur.

[3]) Urk. v. 1323 Mrz. 20: Lib. cop. Cap. fol. 70 b.

[4]) Ztschr. für hamb. Gesch. 6, S. 158: de communibus bonis
seu fructibus prebendarum nostrarum; S. 163: concedimus,
quod vicarii duos de sociis suis possint nominare, quibus
decanus et capitulum officium destribuendi memorias com-
mittere et assignare debebunt.

die Verpflichtung den Einzelnen betraf, war es nöthig, auch die bestimmten Güter zu verzeichnen, aus deren Ertrag die Memorie bestritten wurde, denn im Mittelalter beruhigte man sich auch bei der an sich grösstmöglichen Sicherheit des Verpflichteten nicht leicht damit, mit seinen Ansprüchen auf dessen Vermögenskomplex angewiesen zu sein, sondern man liess sich für dieselben ein ganz bestimmtes Vermögensobjekt anweisen: musste doch selbst eine Stadt, welche von einem ihrer Bürger Kapitalien aufzunehmen gezwungen war, diesen dafür nicht selten auf eine bestimmte entsprechende Rente anweisen. Um so mehr war dies nöthig bei den Vikarieen, deren Einkünfte trotz der darüber angelegten Verzeichnisse oft genug verloren gingen.

Trotz aller Vorsicht kam es vor, dass die für Memorien bestimmten Renten untergingen, und in der Regel begnügte man sich dann damit, einfach die Memorie im Liber memoriarum zu streichen. Das Nekrolog des Domkapitels enthält eine Menge von Eintragungen, die später getilgt sind: einestheils aus dem eben angeführten Grunde, anderntheils weil die Sifter, statt eine jährliche Rente zu begründen, ein einmaliges Werthgeschenk gemacht hatten, goldenes oder silbernes Geräth, kostbare Gewänder oder Altarschmuck. Da bewies sich denn bald der Satz, den man gern in den mittelalterlichen Urkunden als Einleitung gebrauchte, dass der Menschen Gedächtniss schwach sei. Einmal untergegangene Memorien wurden fast niemals erneuert: so oft auch verarmte Vikarieen neu dotirt wurden, so selten dachten die Dotare an die Auffrischung der aufgehobenen Seelmessen; jeder suchte natürlich für sich selbst und die Seinen diese geistliche Wohlthat zu erwerben. Nur für besonders angesehene Personen hatten auch spätere Zeiten Gedächtniss, und der Todestag des Papstes Benedikt z. B. ward alljährlich, ohne Verabreichung von Memoriengeldern, feierlich begangen. Man glaubte bekanntlich, dass Benedikt V. im Dome begraben läge. Am 4. Juli jeden Jahres wurden seine angeblichen Gebeine in einem Kästchen in die Mitte des Chores gesetzt und sein Gedächtniss gefeiert [1]). — Für besonders festlich galt die Memorie, wenn neben dem Grabstein des in der Kirche Bestatteten Wachskerzen brannten, wie dies bei den Memorien der

---

[1]) Necrol. cap. Hamb. Jul. 4; Koppmann, Die mittelalterlichen Geschichtsquellen S. 11 ff.

Pröpste Heinrich von Stormarn und Leo von Erteneburg der Fall war [1]). Damit verbunden war Glockengeläut, das aber auch besonders bestellt werden konnte; man unterschied, ob nur die grossen Glocken oder sämmtliche Glocken gezogen werden sollten. Natürlich, dass für die Beschaffung der Kerzen dem Thesaurarius, für das Geläute dem Glöckner eine kleine Rente ausgesetzt werden musste. Hier und da nahm man auch Rücksicht auf die armen Schüler, welche bei dem Gesange thätig zu sein hatten, und bedachte auch sie bei Bestellung der Memorie mit einer Kleinigkeit: so Herr Dietrich, Pfarrer zu Rendsburg, und Herr Friedrich von Haseldorf, der als reicher Grundbesitzer und rüstiger Krieger von seinem Weibe sich getrennt hat, in den geistlichen Stand getreten und als Bischof von Dorpat gestorben ist [2]).

Ueber die Person des Verstorbenen berichtet das Nekrolog nur selten. Name und Stand genügt vollständig, nur ein gewaltsamer Tod wird zuweilen vermerkt. Dahingegen verzeichnet man dankbar die empfangenen Wohlthaten, die Geschenke an Geld oder werthvollen Gegenständen, die Bewidmung von Präbenden und Vikarieen, die Errichtung von Kapellen und Altären, die Erbauung von Gebäuden, auch die Schenkung von Büchern und die Stiftung von ewigen Lichtern.

So gestattet uns der liber memoriarum einen tiefen Einblick in das kirchliche Leben des Mittelalters; zeigt uns die Grafen und ihre Lehnsmannen, die Hamburgischen Bürger vom Rathmann bis zum Handwerker in gleicher Weise besorgt für ihr Seelenheil, nur dass die Einen mit vollen Händen zu spenden vermögen, während die Andern ihr Bischen Armuth darbringen; zeigt uns auch die Geistlichkeit, wie während ihres Lebens auf die Werke der Frömmigkeit angewiesen, so auch auf ihrem Sterbebette von demselben Geiste geleitet; zeigt uns, wie der auf den Bischofssitz erhobene Domherr in der Kirche, der er einst angehört, Werke der Barmherzigkeit stiftet, und wie der einfache Vikar oder der niedere Beamte bemüht ist, mit den mühsam erworbenen Ersparnissen die Lage seines Nachfolgers zu verbessern.

---

[1]) Necrol. cap. Hamb. Mrz. 4, Sept. 12 und Mrz. 21.
[2]) Daselbst Nov. 24 und Dez. 4, Sept. 22.

# 4. Die Brüderschaften [1].

Mit den Memorien in enger Beziehung steht die Verbrüderung (fraternitas, confraternitas). Die Klosterbrüder begnügten sich nicht damit, für einander zu beten, sondern suchten auch die Fürbitten anderer Klöster nach gegen die Uebernahme der gleichen Verpflichtung. Die ältesten der uns erhaltenen Nachrichten weisen nach Zappert's Forschungen auf die Angelsachsen hin: es sind das die Schreiben von Beda dem Ehrwürdigen († 735) an den Bischof von Lindesfarne und von Bonifaz an den Abt Optatus. Bonifaz erklärt uns den Begriff [2]): er bittet darum, dass Optatus mit seinem Kloster eine Brüderschaft mit ihm eingehe, dass man gegenseitig für die Lebenden ein gemeinsames Gebet (pro viventibus oratio communis) spreche und für die Verstorbenen bete und Messen halte (pro migrantibus de hoc saeculo orationes et missarum sollemnia). Solche Verbrüderung verband insbesondere diejenigen Klöster, die mit einander verwandt waren; die Töchterklöster mit dem Mutterkloster und jene unter einander: Erzbischof Adalbert, da er den Abt Fulko von Alt-Korvei zu einer Brüderschaft zwischen Korvei und Hamburg auffordert, weist darauf hin, dass der h. Anskar aus Alt-Korvei hervorgegangen und in Hamburg der erste Erzbischof gewesen [3]).

Aber auch ohne solche Beziehungen zu haben, gingen die Klöster solche Verbindungen ein, wie denn Kloster Reichenau schon im 9. Jahrhundert mit 54 geistlichen

---

[1]) Auch hier ist die S. 18, Anm. 1 angeführte Abhandlung von Zappert benutzt.

[2]) Jaffé, Bibliotheca rerum Germanicarum 3, S. 257.

[3]) Hamb. U. B. 1, No. 99: sed et locorum nostrorum vetus nos concordia indissolubili modo altrinsecus allegat: quia sanctissimus patronus noster Ansgarius vobiscum conversatus — nostrae sedis primus est inthronizatus archiepiscopus.

Körperschaften verbrüdert war. Auch die Domkapitel gingen mit Klöstern und anderen Domkapiteln Brüderschaften ein: das Hamburgische Kapitel verbrüderte sich mit dem Lübeckischen 1266 [1]).
Die Hauptsache bei der Verbrüderung waren die Memorien für die Verstorbenen. Man schickte sich gegenseitig die Namen der Verstorbenen zu, um dieselben im Nekrologium verzeichnen zu können. Schon das genannte Schreiben von Bonifaz nennt als Folge der Verbrüderung, dass die Namen der Verstorbenen (nomina defunctorum) ausgetauscht werden. Auch die Lübecker Domherren vereinbaren mit den Hamburgern, dass man die Memorien der verstorbenen Mitglieder in den Todtenkalendern verzeichnen (in nostris kalendariis invicem conscribere) und jährlich begehen solle. Ausserdem wollen sie einander förderlich sein mit Wort und That. Zum Zeichen der Verbrüderung soll der Lübecker Domherr, wenn er nach Hamburg kommt, und umgekehrt, 5 ß bekommen, jedoch nur einmal jährlich; wenn er gerade zur Zeit eines Festmahles (refectorium) kommt, so soll er zu demselben eingeladen werden und sich in Bezug auf das Obergewand oder ein anderes Stück seiner Domherrentracht (in superpelliciis vel alia specie religionis conformiter), wie seine Gastgeber kleiden.
Frühzeitig ward es Sitte, auch Einzelne in die Brüderschaft aufzunehmen, Geistliche sowohl wie Weltliche, Männer wie Frauen. Man unterschied die volle Brüderschaft von der gewöhnlichen, die fraternitas plena von der fraternitas communis. Jene bezog sich auf die vollständige Aufnahme unter die Zahl der Mönche und Domherren. Der Ritter Reiner von Pinnau, der eine eigene Präbende gestiftet, wurde vom Kapitel anerkannt als Bruder und Domherr, soweit es sein Laienstand zulasse: nach seinem Tode sollte dann die Präbende an einen Geistlichen vergeben werden [2]). Frau Herdua, die Wittwe Johanns des Ditmarschen, hatte ihr ganzes Vermögen dem Kapitel geschenkt, und wurde

---

[1]) Daselbst 1, No. 695: specialis fraternitatis vinculo nos duximus astringendos.
[2]) No. 387, 1212: ut — me in consortium suum sicut fratrem et canonicum, quantum professioni mee convenit, assumpserunt. — post obitum meum, quotiens necessitas expoposcerit, in eandem prebendam canonicum unum se electuros et ita deinceps spoponderunt.

dafür von demselben als geistliche Schwester mit ihrem
verstorbenen Manne in seine confraternitas aufgenommen
und Zeit ihres Lebens mit Wohnung, Nahrung und Kleidung versorgt[1]). Die gewöhnliche Brüderschaft war viel
häufiger und bezog sich — abgesehen von einem etwa ge-
währten Begräbnissplatz — nur auf den Genuss geistiger
Wohlthaten, auf Fürbitten im Leben und nach dem Tode,
zuweilen auch auf den Antheil an allen guten Werken, die
innerhalb des Kapitels, des Klosters oder des Ordens ge-
wirkt worden seien[2]). Solche Brüderschaft scheinen die
Herren Hartwig, Overbode von Holstein, Ritter Friedrich
von Haseldorf und der Rathmann Löwe genossen zu haben,
welche das Domkapitol 1255 seine Brüder (confratres) nennt[3]).
Die Namen der in die Brüderschaft Aufgenommenen
wurden in ein besonderes Buch eingetragen, dass man in
den ersten Jahrhunderten Diptychon nannte; später kam
die Benennung Buch des Lebens, liber vitae, liber viventium
auf, ein Verzeichniss also derjenigen, von denen man hofft,
dass sie zur Seligkeit berufen seien. In der altchristlichen
Zeit verzeichnete das Diptychon die Namen der Lebenden
und die der Verstorbenen in zwei selbstständigen Büchern,
gab es besondere Diptycha für die Geistlichen, besondere
für die Laien. Das mittelalterliche Buch des Lebens be-
hält diese Unterschiede bei, doch machen sich dieselben nur
in Bezug auf die Blätter und Seiten geltend.
　　Auch Weltliche traten unter einander in B r ü d e r -
s c h a f t e n zusammen. Eine Brüderschaft dieser Art, eine
Vereinigung von Laien unter dem Vorstande eines Geist-

---

[1]) No. 565, zwischen 1252 und 1254: Herdue — se et sua nostro
　　ecclesie contulit sub hac forma: quod capitulum in mansione,
　　victu et vestitu et aliis necessariis vite sue temporibus ipsam
　　debeat procurare. Nos igitur — tam maritum ejus quam
　　ipsam in nostram recepimus confraternitatem, intencionem
　　bonam habentes eam utpote sororem nostram spiritualem
　　favorabiliter in omnibus pertractare.

[2]) Schlesw.-Holst.-Lauenb. Urks. 1., S. 224: plenam partici-
　　pationem orationum, missarum, vigiliarum, castigationum,
　　jejuniorum ceterorumque bonorum operum, que per nos in
　　ecclesia nostra omnipotens Dominus perpetuo dignabitur mi-
　　sericorditer operari.

[3]) Hamb. U. B. 1, No. 599: precibus et monitis favorabilibus
　　dilectorum in Christo domini Hartwici, prefecti Holtsacie,
　　quondam dapiferi, et domini Frederici de Haseldorpe et
　　domini Leonis, confratrum nostrorum.

lichen, ist auch der sogenannte **Kaland**, der seit dem Endo
des 13. Jahrhunderts in Norddeutschland überall sich findet.
Der Kaland hat bekanntlich seinen Namen davon bekommen, dass seine Mitglieder an den Kalenden der Monate
ihre Zusammenkünfte hielten. Eine ähnliche Feier der Kalenden in der christlichen Kirche findet sich schon in früher
Zeit: die Klöster von Flavigny und St. Martin in Autun
vereinbaren 894, dass man den 7. und den 30. Tag nach
dem Hintritt eines Mitgliedes und ausserdem den ersten
Tag jedes Monats für alle verstorbenen Mitglieder mit Seelmessen begehen wolle. 1294 gestattet das Kapitel den
Kalandsbrüdern zu St. Nikolai, einen Altar an dieser Kirche
zu haben, dessen Priester täglich, die Sonn- und hohen Festtage ausgenommen, die missa pro defunctis zum Gedächtniss
der verstorbenen Brüder halten und viermal im Jahre ihre
Memorie mit Namennennung begehen solle [1]). Im 14. und
15. Jahrhundert treten namentlich diejenigen Laien, welche
der gleiche Lebensberuf verbindet, zu Brüderschaften zusammen: man errichtet einen Altar, bringt das nöthige
Kapital zusammen, um von den Renten einen Priester unterhalten zu können, und verpflichtet diesen zu Gebet und
Seelmessen. Leider sind uns die Gründungsurkunden solcher
Brüderschaften aus der älteren Zeit selten erhalten und erfahren wir von ihrem Bestehen nur durch die Eintragungen
in die Rentebücher; 1379 z. B. verlässt der Schlachter
Johann Gronow eine Rente von 4 Mark an das Almissen
derjenigen Messe, welche die Schlachter in der Petrikirche
halten lassen [2]), und 1387 verlässt Richard Grove 5 Mark
Rente ad usum der Messe, welche die Kaufleute und Schiffer
zusammen in der Nikolaikirche feiern lassen [3]). Eine der

---

[1]) Daselbst 1, No. 879: universis kalendarum fratribus sancti
Nicolai — annuimus. quod in eadem ecclesia altare habeant, ubi
singulis diebus, exceptis dominicis, apostolorum et duplicibus
festis tantum, missa pro defunctis in predecessorum fratrum
memoriam celebretur. — Preterea sacerdos sepedicti altaris,
qui pro tempore fuerit, fratrum mortuorum quater in anno
de nomine memoriam indicabit.

[2]) Lib. Redd. S. Petri fol. 146: quam carnifices faciunt celebrari
in ecclesia sancti Petri in altari sub nova testudine versus
austrum.

[3]) Lib. Redd. S. Petri fol. 193 b: quam mercatores et naute
faciunt celebrari in ecclesia parrochiali sancti Nicolai in
Hamborch.

ältesten und bekanntesten Gründungen ist die der Brüderschaft der reitenden Diener. Wer nicht daran denkt, dass dieselben ursprünglich ritterbürtige Leute waren, die sich der Stadt zu Kriegshandwerk verpflichteten, der wird sich wundern, aus ihrer Stiftungsurkunde zu ersehen, dass im Jahre 1385 die Bürgermeister Bertram Horborch, Ludeke Holdenstede, Heyno Ybing und Karsten Ridder mit dem Ausreitervogt und dessen Kumpanen eine Brüderschaft eingingen.

In Hamburg war die Zahl der Brüderschaften ausserordentlich gross: es gab ihrer mehr als hundert. Viele kennen wir nur daraus, dass der Rath ihnen bewilligte, ein besonderes Rente- oder Hypothekenbuch zu haben [1]); einige haben ihre Bücher und Dokumente aufbewahrt und bei ihrer erst in unseren Tagen erfolgten Auflösung dem Stadtarchiv, nur vereinzelt der Stadtbibliothek überliefert. Da hören wir denn von den Brüderschaften der Schonenfahrer, Flanderfahrer, Bergenfahrer, Islandsfahrer und Englandsfahrer, von den Brüderschaften der Kanzelisten, der Hausdiener und reitenden Diener, von der langen Reihe von Brüderschaften, welche die einzelnen Aemter für sich oder mit anderen zusammen bildeten: die Bücker z. B. hatten, wie Lappenberg nachgewiesen hat [2]), eine St. Erasmus-Brüderschaft im St. Johannis-Kloster, eine Brüderschaft des heil. Kreuzes zu St. Mariä Magdalenen, mit Schneidern und Schustern zusammen die Brüderschaft der h. Märtyrer im Dom, mit Schneidern, Schustern und Fischern die St. Einwolds-Brüderschaft, mit den Schlachtern die Brüderschaft des h. Antonius zu St. Petri.

Freilich verfolgten diese Brüderschaften mit der Zeit auch andere Zwecke: gesellschaftliche, gewerbliche und wohlthätige. Man kam regelmässig zusammen, die Kalandsbrüder hielten monatlich, die Mitglieder anderer Brüderschaften auch wohl wöchentlich ihre Kost. Es ist erklärlich, dass die aus Gewerksgenossen bestehenden Brüderschaften sich auch mit Fragen beschäftigten, welche allen Mitgliedern am Herzen lagen und für deren Ausdruck es denselben, soweit sie nicht als Amt anerkannt waren, an einem

---

[1]) Ein Verzeichniss dieser Rentebücher giebt Schlüter, Tractat von dem Verlassungsrecht (1703), S. 212 ff.

[2]) Archivalbericht über den Ursprung und das Bestehen der Realgewerberechte in Hamburg S. 58.

sonstigen Organ mangelte. Wohlthätige und religiöse Zwecke
berührten und bedangen einander: man vertheilte Almosen
an die Armen, unterstützte die Wittwen und Waisen, be-
stattete die Todten; die reitenden Diener nahmen in ihre
Statuten auf, sie wollten auch Arme, welche, ohne Brüder
zu sein, von ihnen begraben zu werden wünschten, unentgeltlich zum Friedhof bringen. Immer war aber der Haupt-
zweck ein religiöser: die St. Jakobi-Brüderschaft der Schiffs-
leute vor dem Winserbaum stellt einen Priester an, der
soll ihnen Sonntags, wenn sie ihr Almosen geben, eine
Messe lesen, Montags für die verstorbenen Brüder eine
Todtenmesse halten und Sonnabends "denken der levendigen
brodere unde sustere, dat se God sterke an watere edder
to lande, dat se moten salich werden."
    Auch bei unseren Brüderschaften wurden Verzeichnisse
der Mitglieder angelegt: man nannte sie bei uns Todtenbuch. "Dit is dat Dodenbock der broderschop unser leven
vrouwen", bezeichnet sich das Verzeichniss der Schonenfahrer, und übereinstimmend nennt sich dasjenige der reitenden Diener: "Dyt is dat dodenbock der broderschop der
rydendenre tho Hamborch." Die Eintheilung nach Ständen
ist auch hier beibehalten: im Todtenbuch der reitenden
Diener eröffnet die Reihe das Verzeichniss der Rathmannen,
schon äusserlich an dem vorgesetzten "her" kenntlich, dann
folgen die Mönche, jeder von ihnen als "broder" bezeichnet,
dann kommen sechs Personen, deren Stand das nachgesetzte
"vicariose" angiebt, endlich die reitenden Diener selbst, nach
alphabetischer Ordnung ihrer Vornamen. Weniger ausge-
prägt sind die Unterschiede im Todtenbuch der St. Jakobi-
Brüderschaft, doch kommen die Geistlichen zuerst, dann die
Weltlichen, und auch innerhalb dieser Abtheilungen sind
die Unterschiede nicht verwischt: her Johan Greseke, dom-
here, her Rohan von Rode, en vicarius, Sifridus von Bremen,
en scholer.
    Die Einführung der Reformation hat den ursprünglichen
Sinn der Brüderschaften verwischt, diese selbst aber sind
geblieben. Wie die Domherren und Vikare beibehalten
wurden, wie man zwar nicht die Seelmessen, aber doch die
Memoriengelder fortbestehen liess, so auch haben sich die
Brüderschaften bis in unsere Tage erhalten. Es mochte
Einem wunderlich erscheinen, wenn man bei den Fürbitten,
welche der Geistliche bis in die neueste Zeit für die Mitglieder einiger Aemter hielt, sich der früheren Bedeutung

der Memorien erinnerte, es mochte Einem lächerlich dünken,
wenn man sich bei dem Anblick der jetzt aufgehobenen
reitenden Diener die einstige Bedeutung ihrer Brüderschaft
vergegenwärtigte, man glaubte Grund zu haben zur Freude,
als das Domkapitel aufgehoben und die ehrwürdige Marienkirche abgetragen wurde: doch aber wird man zugeben
müssen, dass es wohl erworbene Rechte und berechtigte
Interessen waren, die man nach der Reformation bestehen
liess, weil man sie heilig achtete, und dass es unserm
Staatswesen zum Ruhme gereicht, dass es verschmähte, aus
der Aenderung des religiösen Bekenntnisses materielle Vor-
theile zu ziehen, und wo ein berechtigtes Sonderinteresse
den höheren staatlichen Interessen hinderlich war, für den
Schaden, den es zufügen musste, mit materiellen Opfern
Ersatz bot.

# 5. Die Klöster.

Die beiden Männer, welche der Hamburger als die
vorzüglichsten Wohlthäter seiner Vaterstadt zu betrachten
gewohnt ist, sind auch die ersten Stifter Hamburgischer
Klöster gewesen. Das von Anskar gegründete Benedik-
tinorkloster hat nicht lange Bestand gehabt, auch hat
die dürftige Ueberlieferung uns wenig über seine Geschicke
berichtet. Kloster Corbie oder Alt-Korvei in der Picardie
hatte einen Theil seiner Brüder ausgeschickt, um in den
neu dem fränkischen Reiche einverleibten Ländern das
äusserlich angenommene Christenthum innerlich zu befesti-
gen; das Tochterkloster Neu-Korvei an der Weser sandte
Anskar aus, um in Dänemark und Schweden das Evangelium
zu verkünden. Seiner missionarischen Thätigkeit wurde
ein Mittelpunkt in dem Erzbisthum Hamburg gegeben. Das
mit Mönchen aus Neu-Korvei bevölkerte Hamburger Kloster
war die eigentliche Stütze Anskars; die dortigen Brüder
wirkten gemeinschaftlich mit ihm an der Lösung der Auf-
gabe, die nordischen Reiche zu christianisiren, d. h. sie zu
Kulturvölkern zu machen. Das Hamburger Kloster war
daher derjenige Punkt, den die Reaktion des Heidenthums
am schwersten treffen musste; Normannen und Slawen haben
ihre Angriffe auf dasselbe gerichtet, jede gewaltsame Zurück-
drängung des Christenthums ist mit einer Zerstörung des
Hamburgischen Klosters bezeichnet. Das Jahr 1072 bildet
eine Epoche in der Geschichte des Erzbisthum Hamburg-
Bremen: die slawischen Lande fallen in das Heidenthum
zurück, Hamburg geht in Flammen auf, Erzbischof Adalbert
ist gestorben. Seitdem hat die Geschichte des Erzbisthums
einen andern Charakter: der christianisirte Norden reisst
sich los von der bisherigen Metropole; im Osten dringt
das Christenthum wieder vor, aber nicht mehr friedlich,
von christlichen Glaubensgenossen dargeboten, sondern durch
gewaltsame Kriegszüge sächsischer Fürsten aufgezwungen.

Als endlich Hamburg neu ersteht, da ist statt des Benediktinerklosters ein Chorherrenstift, unser Domkapitel, errichtet.
Nicht so bedeutungsvoll, wie die in Umrissen ange-
deuteten Geschicke des Benediktinerklosters, ist die Geschichte des von Graf Adolf IV. gestifteten Franziskaner-
Klosters Mariä Magdalenen. Aber doch knüpfen wenigstens seine Gründung und sein Name an einen Moment
von Bedeutung für die deutsche Geschichte. Ob die Lande
an der Elbe und an der Küste der Ostsee deutsch oder
dänisch sein sollten, das war die Frage, welche im Jahre
1227 zur Entscheidung kommen musste und die der Tag
zu Bornhöved zu Gunsten Deutschlands entschied. Am
Mariä-Magdalenentage, 22. Juli, stiessen Deutschthum und
Dänenthum zusammen. "Dar", schildert der Dichter, "dar
wart schlach umme schlach, Vil mennich dar under den
foten lag." "Dar schach den Denen ene grote plage"[1]).
Graf Adolfs starker Arm hatte Holstein, Dithmarschen,
Hamburg, Lübeck und die Südküsten der Ostsee dem deut-
schen Leben wiedergewonnen, dankbar errichtete sein from-
mer Sinn ein Kloster zu Hamburg, der h. Maria Magdalena
zu Ehren[2]):

To Hamburgh in der erliken stat
Hett he en herlik schone kloster sat,
An des hilligen cruces unde sunte Marien
Magdalenen ere.

Zu dem Franziskanerkloster der heil. Maria-Magdalena
kam bald darauf das Dominikaner-Kloster St. Johannis. Im Jahre 1225 fanden die Dominikaner Aufnahme
in Bremen, 1229 in Lübeck[3]), 1236 kamen sie nach
Hamburg. Aus einer Akte des Jahres 1265[4]) erfahren wir
über die Gründung einiges Nähere. Bruder Borchard und
Bruder Otto von Medinke kamen an, fanden Aufnahme bei
Herrn Hartwig von Erteneburg und wohnten bei ihm fast
ein Jahr hindurch. Lange Zeit, bemühten sie sich umsonst
um ein eigenes Haus; der Graf, der Rath, das Kapitel,
heisst es, seien ihnen entgegen gewesen. Als dann endlich
Rath und Bürgerschaft eingewilligt, erhob das Domkapitel

---

[1]) Reimchronik von 1199—1231, Lappenberg, Hamburgische
Chroniken S. 211.
[2]) Reimchronik, daselbst S. 214.
[3]) Mekl. U. B. 2, No. 761.
[4]) Hamb. U. B. 1, No. 687.

dagegen Protest, weil seinem Rechte auf Opfergeld und
Begräbniss dadurch Abbruch geschähe, und beruhigte sich
erst, nachdem die Dominikaner erklärt hatten, ihm keinen
Schaden zufügen zu wollen. 1265 waren im St.
Johanniskloster ein Prior, ein Subprior, ein Lektor und
zwölf gewöhnliche Brüder[1]). Der erste Prior, Ernst,
begegnet uns 1245, wo er mit dem Bischof von Lübeck und
dem Grafen Adolf IV., damals schon Franziskanermönch, das
Dominikanerkloster in Lübeck reformirt[2]). Aus dem Mariä -
Magdalenen - Kloster kennen wir für das dreizehnte
Jahrhundert nur die Guardiane Johann, 1255, Heinrich, 1281,
und den Bruder Johann, ehemaligen Herrn von Hamme,
1249[3]).

Für die Geschichte dieser beiden Klöster hat der verstorbene Lappenberg vielfache Vorarbeiten gemacht, und es
wäre äusserst verdienstlich, diese Arbeiten wieder aufzunehmen und zum Abschluss zu bringen. Hier kann nur
darauf hingewiesen werden, dass über die Durchführung
der Reformation auch in Bezug auf die beiden Klöster die
Quellen reichlicher fliessen, und dass eine diese Periode
behandelnde Arbeit ein lange gefühltes Bedürfniss ist. Im
Allgemeinen ist bekannt, wie die Dominikaner der neuen
Lehre entschiedenen Widerstand entgegen setzten, während
die Franziskaner unter ihrem Guardian Joachim Ellerhof
derselben sich anschlossen. Die grauen Mönche (Franziskaner),
wird uns berichtet, zogen die Kappen freiwillig aus, die
schwarzen Mönche (Dominikaner) wurden aus ihrem Kloster
verwiesen[4]). Am 8. August 1531 erklärten der ehemalige
Guardian zu Mariä-Magdalenen Joachim Ellerhof, der Lektor
Peter Borchard und acht Brüder, sie hätten dem Rathe zu
Hamburg ihr Kloster übertragen, vornehmlich deshalb, „weil
wir durch das helle Licht des heiligen Evangelii, das jetzt
erscheint und verkündigt wird, berichtet worden, dass nicht
aus dem Vertrauen, Halten und Vollbringen der Regeln

[1]) Hamb. U. B. 1. No. 685.
[2]) No. 530.
[3]) No. 595, 792, 551.
[4]) Lappenberg. Hamb. Chroniken. S. 60: In dem sulven jare
(1529) togen de monneke to sunte Marien Magdalenen de
kappen ut, und de to sunte Johans worden dar mit unwillen
utewiset.

Sancti Francisci, sondern allein aus dem Verdienst, Marter,
Tod und Auferstehung des Herrn Christi, Heil und Trost
der Seligkeit zu gewinnen sei, auch weil die täglichen
Gefälle und Opfer, Testamente und andere Gaben abgegangen
sind und immer mehr und mehr abgehen, so dass es uns
nicht möglich ist, genanntes Mariä - Magdalenen - Kloster
sammt seinem Zubehör an Häusern, Buden und Anderem
in Bezug auf Bau und Besserung in Stand und Würden
zu halten, sondern wir dasselbe in kurzer Zeit doch hätten
müssen verlassen." Dagegen gewähren die Oberalten, die
im Beisein der verordneten Rathmannen diesen Vertrag
abschliessen, jedem der Mönche Zeit seines Lebens 20 ℔
Lübisch; wer sich nicht getraut damit auszukommen, dem
soll es frei stehen, sich an einen gelegeneren Ort zu be-
geben, und von dort aus diese Summe zu beziehen; wer
es wegen Krankheit oder sonstiger Gründe vorzieht, sich
in das Hospital oder in den grossen heiligen Geist zu be-
geben, der soll dort aufgenommen und wie die anderen
Pfründner behandelt werden.

Wesentlich verschieden von den Mönchsklöstern, deren
Insassen auf die Wohlthätigkeit der Bürger Hamburgs vollständig angewiesen, vom Almosen zu leben verpflichtet
waren, sind die beiden klösterlichen Stiftungen, welche für
Frauen errichtet worden sind.

Die Beguinen des Konvents[1]), religiosae dominae beo-
ginae, erhielten bekanntlich 1255 von den Grafen Johann
und Gerhard einen Theil des gräflichen Apfelgartens, dessen
Ueberreste später als Schauenburgischer Hof bezeichnet
sind, zu ihrer Wohnung angewiesen[2]). Dass, wie man
neuerdings angenommen hat, bald darauf ein neuer Konvent
entstanden sei, scheint mir nicht vollständig erwiesen;
vielleicht wird man an eine Verlegung des ursprünglich
beim Pferdemarkt gelegenen Gebäudes auf den 1255 von
den Grafen zum Geschenk erhaltenen Platz zu denken
haben[3]). Die Beguinen waren zu gewissen religiösen Verhandlungen verpflichtet, ohne doch durch Gelübde gebunden

---

[1]) Vgl. C. F. Gaedechens. Der Convent der Beguinen in Hamburg
und seine Umwandlung in ein Jungfrauenstift.

[2]) Hamb. U. B. 1, No. 589; über den Schauenburgischen Hof
s. Ztschr. für hamb. Gesch. 6, S. 86 Anm. 6.

[3]) Gaedechens S. 6.

zu sein. Nur zur Bewahrung der Keuschheit waren sie
verpflichtet, wer dagegen verstiess, wurde aus dem Konvent
verwiesen. Die Schwestern, welche lesen konnten, mussten
täglich einen Cursus oder die horae Mariae lesen, die
übrigen hatten eine bestimmte Anzahl Gebete zu sprechen.
Jede Schwester hatte ein festes Einkommen nachzuweisen,
und ausserdem ein Eintrittsgeld zu entrichten. Die Hälfte
des Nachlasses fiel an den Konvent, über die andere Hälfte
konnte die Eigenthümerin nach Belieben verfügen. Die
älteren Schwestern wählten die Meisterin, welche vom
Domdechanten bestätigt werden musste. In Disciplinar-
sachen entschied die Meisterin, die richterlichen Befugnisse
standen dem Domdechanten zu, der Rath hatte sich in die
Verhältnisse des Konvents nicht einzumischen.

Liegende Gründe hat der Konvent nicht erworben;
verboten ist ihm dies wohl nicht, aber er kam nicht in
den Besitz grosser Kapitalien, weil die Schwestern von
ihren Verwandten mit Leibrenten ausgestattet wurden. Den
Mönchsklöstern dagegen war der Erwerb von Grundeigen-
thum untersagt. Als z. B. 1270 Rembern Lütte (Parvus)
den Minoriten eine Worth (area) verliess, sobald seine
Schwester und seine Schwestertochter verstorben sein
würden, so wurde dabei ausgemacht, dass nach erfolgtem
Ableben derselben es der Willkür des Rathes überlassen
sein solle, ob er den Brüdern erlauben wolle, die Worth
zu behalten, oder ob sie dieselbe verkaufen müssten[1]).

Das Nonnenkloster zu Herwardeshude[2]) war
wesentlich vornehmer, als das bescheidene Haus der blauen
Schwestern in der Steinstrasse. Wie Graf Adolf IV. das
Franziskanerkloster gründete, so stiftete seine Gemahlin, die
Schwester Heilwig, unter Beistand des gräflichen Vogtes
Georg von Hamburg und seiner Gemahlin Margaretha das
Nonnenkloster zu Herwardeshude. Die Aebtissin stand
unmittelbar unter dem Erzbischof von Bremen. Sie wurde
von den Schwestern gewählt, und ernannte ihrerseits die
Priorin. Mit den geistlichen Geschäften war der Propst

---

[1]) Ztschr. für hamb. Gesch. 1, S. 414: Mortuis antedictis per-
sonis stat in arbitrio consulum, utrum ipsam arcam fratribus
liberam permittere velint vel pro pecunia redimendam.
[2]) Vgl. Lappenberg, Von der Cistercienserinnen-Abtei Herwardes-
huthe und deren Umwandlung in das St. Johanniskloster,
Ztschr. für hamb. Gesch. 4, S. 513 ff.

betraut. Bei den weltlichen wirkten zwei verordnete Rath-
mannen, sogenannte Vorsteher mit, welche auch die Ge-
richtsbarkeit, die Vogtei, von dem Kloster besassen. Die
Nonnen waren Cistercienserinnen und lebten also nach der
Regel des heil. Benedikt. Es waren in der ersten Zeit die
Töchter des benachbarten Adels, bald jedoch wohl ausschliesslich Hamburgische Bürgertöchter, welche in dem
Kloster Aufnahme fanden und von ihren Angehörigen mit
Leibrenten reichlich ausgestattet wurden. Im vierzehnten
Jahrhundert genügte das Kloster den Bedürfnissen nicht
mehr, oder die Bedingungen für die Aufnahme konnten
nicht immer erfüllt werden; jedenfalls finden wir Ham-
burgerinnen in vielen auswärtigen Klöstern, namentlich zu
Buxtehude, wo neben dem Altkloster ein Neukloster (Bre-
denbeke) errichtet war. Eine Zusammenstellung der Nonnen,
welche im vierzehnten Jahrhundert in den Rentebüchern
genannt werden, würde ergeben, dass fast jede angesehene
Familie Angehörige in den Nonnenklöstern und namentlich
zu Herwardeshude hatte; die unverheiratheten Töchter
fanden hier Schutz, Unterhalt, eine geachtete Lebensstellung
und eine dem damaligen Sinne entsprechende Beschäftigung
an Werken der Frömmigkeit und der Barmherzigkeit. Das
Kloster ist bekanntlich mit Schenkungen reich bedacht,
und hat in Folge dessen weite Liegenschaften zu erwerben
vermocht.

Nur erwähnen kann ich die eingeschlossenen Damen,
inclusae dominae, welche ein einziges Mal, 1263, in dem
Testament des Bernhard von Arnheim genannt werden[1]),
und ebenso die Zellbrüder des St. Augustini-Ordens, welche
1523 April 17 eine Rente aus ihrem Hof vor dem Alster-
thor an Johann Luchtenmaker verkauften.

Die Reformation hat natürlich auch in diese Verhältnisse
eingreifen müssen. Die Klöster der Bettelmönche sind aufgehoben, der Konvent und das Kloster Herwardeshude sind
verändert, aber bestehen geblieben. Den Bettelmönchen,
welche bisher von Almosen gelebt, ward, wenn sie die
eingeführte neue Lehre anerkannten, ihr lebenslänglicher
Unterhalt aus dem Gotteskasten gesichert. Dem Kloster
Herwardeshude, dessen Bewohnerinnen das leer gewordene
Johanniskloster bezogen, und dem Konvent ward das

---

[1]) Ztschr. für hamb. Gesch. 1, S. 362.

kirchliche Element genommen, im Uebrigen blieben sie un-
verändert, nach wie vor eine ehrenhafte Versorgungsanstalt
für die unverheiratheten Töchter derjenigen Familien, welche
die für die Erhaltung der Anstalten nothwendigen Bedingungen erfüllen konnten. Eine Zeitlang wurde die Verpflichtung zur Keuschheit noch in dem mittelalterlichen
Sinne aufrecht erhalten, wurde die Schwester, welche sich
verehelichen wollte, als des Klosters unwürdig erachtet;
nach und nach gewann dagegen die richtigere Anschauung
Raum, dass man durch die Verheirathung auf alle aus dem
Einkaufsgeld erwachsenden Ansprüche, wie auf dieses selbst
Verzicht leiste. Eine Zeitlang wurde auch die mittelalterliche Wohlthätigkeit beibehalten, ob auch die Kranken-
pflege, weiss ich nicht, doch erweislich der Unterricht von
Mädchen: die neuere Zeit hat in besserer Einsicht den
Schwestern auch diese Verpflichtung abgenommen[1]).

Natürlich ist der Charakter der Stiftungen dadurch
nicht verwischt, sondern es sind darin nur die Konsequenzen
der Stellung zu erblicken, welche dieselben durch die Reformation erlangt haben: nach wie vor sind der Konvent
und das jetzt so genannte Johanniskloster milde Privatstiftungen, welche zwar gewisse zu ihrer Erhaltung noth-
wendige Bedingungen voraussetzen, aber doch ein Stamm-
kapital besitzen, dessen Rente ausschliesslich zur Unterstützung
der Konventualinnen bestimmt ist.

---

[1]) Eine wichtige Quelle für die spätere Geschichte des Klosters
sind die Klosterprotokolle.

# 6. Die Hospitäler.

In früher, nicht mehr nachweisbarer Zeit ist das
Hospital St. Georg gegründet [1]). Schon im Jahre 1220
wird es urkundlich genannt [2]). Wer sein Gründer war,
wissen wir nicht, doch werden wir denselben wahrscheinlich
in der holsteinischen Grafenfamilie suchen müssen.
Schenkungen der Bürger an das St. Georgs-Hospital sind
aus der älteren Zeit nicht bekannt; das älteste Stadterbebuch
erwähnt, abgesehen von dem Spitalerthore [3]), nur eines Ver-
mächtnisses von 20 β Rente, das Bernhard von Arnheim
demselben in seinem Testamente ausgesetzt hatte [4]); dahingegen wird uns von Schenkungen berichtet, welche das
Spital Graf Albrecht von Orlamünde [5]), sowie dem Schauenburgischen Grafenhause und der Familie von Hamme ver-
dankt [6]). — Das St. Georgs-Hospital war ein Krankenhaus,
und zwar ein Hospital für Aussätzige, ein Leprosenhaus [7]);
es lag deshalb, wie alle Spitäler dieser Art, vor den Mauern
der Stadt. Mit dem Spital war eine Kapelle verbunden, an
der ein Priester angestellt war: diese schon 1220 erwähnte
Kapelle [8]) war bekanntlich dem heil. Georg geweiht. Die
Wohnung des Priesters war von dem Wohngebäude der

[1]) Ueber Leprosenhäuser im Allgemeinen s. Virchow, Zur Geschichte des Aussatzes und der Spitäler, in Virchows Archiv
für pathologische Anatomie und Physiologie und für klinische
Medicin, Bd. 18, S. 138, 273, Bd. 19, S. 43, Bd. 20, S. 166,
459; vgl. Hempel, Ausführliche Nachricht von d. H. Ritter
Georgio (Hamb. 1722) und (Hoeck) Hist. Theol. Denkmahl
der — Heil. Dreieinigkeitskirche (Hamb. 1750).
[2]) Hamb. U. B. 1, No. 440.
[3]) Ztschr. für hamb. Gesch. 1, S. 400: porta, que stat versus
hospitale; S. 409: porta, quo itur ad hospitale.
[4]) Daselbst 1, S. 362.
[5]) Hamb. U. B. 1, No. 440.
[6]) No. 556.
[7]) No. 440: hospitale infirmorum prope civitatem Hamburch;
No. 885: domus leprosorum sancti Georgii; No. 886: domus
hospitalis sancti Georgii.
[8]) Hamb. U. B. 1, No. 440: beati Georgii martiris, in cujus
honore capella — dedicata est.

Kranken getrennt ¹). In Bezug auf die kirchlichen Vor-
hältnisse war das Hospital dem Domkapitel untergeben, den
weltlichen Geschäften standen zwei Rathmannen, die 1288
zuerst genannten provisores domus sancti Georgii leprosorum ²), vor, für die Oekonomie war ein Hofemeister, der
1296 genannte magister domus³), angestellt. — Die Aussätzigen lebten von der übrigen Welt vollständig getrennt:
sie waren, wie das Domkapitel und der Rath 1296 sich
ausdrücken, durch das Gesetz von den Menschen ge-
schieden⁴). Wohlhabende Leute, welche vom Aussatz be-
fallen waren, konnten sich wohl durch die Zahlung einer
jährlichen Summe eine bessere Verpflegung verschaffen:
Johann von Eysen z. B. verliess dem Hospital 1342 drei
Mark Rente bis zu seiner Herstellung⁵); für den aussätzigen
Dominikaner Bruder Zeghehardus bezahlte Hinrich von
Hachede 1393 jährlich zwei Mark, damit derselbe bis zu
seinem Tode gleich den anderen Kranken seine Präbende
bekomme⁶). Auch gab es gesunde Leute im Hospital:
fromme Brüder (fratres), welche dem weltlichen Leben
entsagten, um sich der Krankenpflege zu widmen⁷), Un-
bemittelte, denen Nahrung und Kleidung unentgeltlich

¹) No. 895: curia sacerdotis et curia infirmorum, sicut nunc
sunt, in perpetuum sint divise.
²) Lib. Her. S. Jac. pag. 16: Provisores domus s. Georgii leprosorum resignaverunt Remberno dicto Gropere hereditatem
unam in yna platea et uxori suo, quoad vixerint, perfruendam
u. s. w.
³) No. 895; vgl. Lib. Her. S. Jac. fol. 108: Hinricus, qui quondam fuit magister et provisor curie beati Georgii.
⁴) No. 895: precepimus, ne leprosi — aliquatenus intrare pre-
sumant civitatem, cum lege sint ab hominibus sequestrati.
⁵) Lib. Redd. S. Kath. fol. 38: Johannes de Eysen resignavit
domui sancti Georgii redditus 2 marcarum in hereditate
sua—. Item resignavit eidem domui redditus 1 marce, prout
ipse cos habuit in hereditate Thiderici Smalesiden. — Si sanus
factus fuerit, dicti redditus ad ipsum revertentur.
⁶) Lib. Redd. S. Jac. fol. 130: Hinricus de Hachede resignavit
domui sancti Georgii extra muros Hamburgenses 2 marcarum
redditus pro 30 marcis redimendos —. Et pro dictis redditibus dominus Zeghehardus, frater de ordine predicatorum,
infirmus residens in dicta domo, debet percipere prebendam
prout ceteri infirmi. Ipso vero defuncto extunc dicti redditus
debent esse extincti et ad dictum Hinricum revertentur.
⁷) S. 40 Anm. 3.

verabreicht wurde[1]), Wohlhabendere, die aus uns unbekannten
Gründen den Aufenthalt im Spitale erwählten[2]). Die Ge-
sunden lebten in einer Wohnung (praedium) für sich, sie
unterhielten den nothwendigen Verkehr mit der Stadt und
bereiteten die nöthigen Speisen; was davon übrig bleibt,
soll nicht aus dem Hause gegeben werden, sondern muss
darin bleiben[3]). Milde Gaben gingen ein durch den auf-
gerichteten Opferstock (truncus) und durch den vom Hofemeister angestellten Sammler (petitor)[4]). Im vierzehnten
Jahrhundert kommen auch Vermächtnisse und andere
Schenkungen abseiten Hamburgischer Bürger hinzu[5]), namentlich Stiftungen von Mahlzeiten und von Spenden an
Geld, Bier, Wurst u. s. w. lehrt uns ein interessantes

---

[1]) Ich hebe folgende Stelle hervor: Lib. Redd. S. Jac. fol.
6b, 1310: Nos consules Hamburgenses, attendentes servicia
multigena que frater Hinricus de Cevena cottidie studet ju-
giter exhibere domui s. Geurrii nostre civitatis, eidem dedimus
ex gracia speciali, ut quamdiu se bene et decenter habuerit
circa negocia sibi commissa, habebit prebendam et vestitum
de domo eadem et in ea. Si vero contigerit eum senio vel
aliqua corporis passione debilitari vel gravari, habebit prebendam et cetera necessaria in ipsa domo temporibus suo vite.

[2]) Lib. Redd. S. Jac. fol. 10, 1315: Provisores domus s. Geurrii
cum Woldero Specsnydere taliter convenerunt, quod idem
Wolderus dedit domui predicte 60 marcas denariorum, pro
quibus dabitur sibi prebenda in ipsa domo cum magistro
domus, et ad hoc due marce denariorum annuatim; sed si in
eadem domo prebendam suam commedere nollet, tunc ubi
esse decreverit, sibi sex marce denariorum annuatim dabuntur
ad tempora sue vite.

[3]) No. 895: statuimus, ut infirmi manibus suis lacticinia vel
alia cibaria non contractent, sed hoc in eorum predio hii fa-
cient, qui sani sunt et mundi. — statuimus, ut quicquid
unicuique fratrum vel alii de domo in mensa superfuerit de
prebenda, in ipsa domo remaneat, nec alias mittatur aut ab
aliquo deportetur.

[4]) No. 895: — de trunco et peticione ecclesie nullam sacerdos
recipiet portionem. — Et presbiter infirmorum prefate domus
petitorem ipsorum infirmorum, quocienscumque et ubicumque
fidelium elemosinas pecierit, nequaquam ipsum impediet.

[5]) Lib. Redd. S. Kath. fol. 37, 1341: Johannes Asendorp
resignavit domui sancti Georgii redditus 1 marce pro 15 marcis
redimendos in hereditate sua, ut sita est apud Johannem
Militem. De hiis redditibus dabitur iufirmis convivium semper
in festo Michaelis.

Verzeichniss aus dem fünfzehnten Jahrhundert kennen[1]). Hier
und da sind es wohl Sünden, welche man selbst oder andere
begangen, um deren Sühnung willen man den Armen Geschenke macht[2]); manchmal mag auch — doch wüsste ich
kein Beispiel zu erweisen — Dankbarkeit für die Heilung
die Triebfeder gewesen sein, regelmässig aber wird man die
reine Menschlichkeit als den Beweggrund der Schenkungen
ansehen dürfen.

Das Hospital zum heil. Geist wird 1247
zuerst urkundlich genannt[3]). Indem ich im Allgemeinen
auf einen äusserst lesenswerthen Aufsatz von Böhmer[4]) ver-
weise, erinnere ich in der Kürze daran, dass der Orden
des heil. Geistes durch einen gewissen Guido in Montpellier
gegründet und 1198 durch Papst Innocenz III. bestätigt
wurde, dass Innocenz eine ältere Stiftung zu Rom in das
Spedale di san Spirito in Sassia umbildete und dasselbe
zum Mutterhause ernannte, und dass nun die Hospitäler
zum heil. Geist sich überaus rasch verbreiteten. Das Hamburgische Hospital ist eines der älteren in Deutschland; was
wir darüber wissen, bestätigt, was Böhmer in dem angeführten Aufsatze als Eigenthümlichkeit der heil. Geist-
Hospitäler hervorhebt. Aus medicinischen Gründen wurde
die Lage am Wasser gewählt; unser Hospital lag, wie noch
jetzt, auf der Rödingsmark neben der Alster[5]); regelmässig

----

[1]) Archiv des Hospitals St. Georg.
[2]) Lib. Redd. S. Kath. fol. 93, 1375: Sciendum, quod Johannes
Eleri commisit de 71 marcis de falso testimonio, quod pro-
hibuit contra Heynonem Gruttemaker, civem in Luneborch,
et propter hoc fuit profugus; et occacione illius excessus
Mechtildis, uxor dicti Johannis Eleri per suos tutores ac pue-
rorum ejus, videlicet Johannem Holzsten, Henneke de Bremen
doliatorem et Bernardum de Huda, resignavit domui sancti
Georgii redditus 5 marcarum pro 75 marcis redimendos in
hereditate sua in qua moratur, ut sita est in Grimme inter
hereditates Godekini Yenner et Hinrici de Rozstock.
[3]) Hamb. U. B. 1, No. 538.
[4]) Böhmer, Das Hospital zum heiligen Geist in Frankfurt, im
Archiv für Frankfurts Geschichte und Kunst 1, Heft 3, S. 75
ff. und in Janssen, Böhmer's Leben, Biefe und kleinere
Schriften 3, S. 441 ff.; vergl. auch Dittmer, Das heil. Geist
Hospital und der St. Clemens Kaland zu Lübeck.
[5]) Ztschr. für hamb. Gesch. 1, S. 403: in Rodingheswarke,
prope domum sancti spiritus; S. 412: hortum unum fo..s
civitatem prope hortum sancti spiritus.

hatte der Rath einen vorzüglichen Antheil an der Verwaltung: in Hamburg stehen zwei Rathmannen an der Spitze, die bei wichtigeren Rechtsgeschäften die Genehmigung des ganzen Rathes einholen (cum consensu tocius consulatus)[1]. Die ökonomische Leitung stand auch hier dem Hofemeister zu[2]. Für den Gottesdienst war ein Priester angestellt[3]); 1296 wurde die Anstellung eines zweiten Priesters gestattet[4]). Das Recht, einen besonderen Kirchhof zu haben, erhielt das Spital 1288 von Erzbischof Giselbert von Bremen, doch sollten nur die in demselben verstorbenen Kranken und Pfründner dort beerdigt werden. Vor Allem war die Krankenpflege der Zweck der Anstalt[5]). Damit verbunden ist dann aber die Aufnahme und Pflege armer Reisender. Diesem Zweck diente in Hamburg ein besonderes Gebäude, das Gasthaus. Früher hat man angenommen, es sei dasselbe erst 1609 errichtet, doch hat Lappenberg es schon dem Mittelalter vindicirt, indem er seine Existenz um 1440 und seine Zugehörigkeit zum heil. Geist-Hospital nachwies[6]), und eigene Untersuchung ermöglicht mir, ein

---

[1]) Ztschr. für hamb. Gesch. 1, S. 363: dominus Bernardus de Buxstehude et dominus Wunnerus, procuratores sancti spiritus, et dominus Bertrammus Esici et dominus Godeko filius domine Alheydis, magistri consulum; Lib. cert. condit. fol. 24b, 1295: Godeco de Bilna et Rodemborg. provisores domus s. spiritus; fol. 31b, 1296: Godeco de Bilna et Johannes dictus Rodemborg, provisores domus s. spiritus; fol. 51, 1300: Gotscalcus de Bilna, provisor domus s. spiritus; Lib. Her. S. Jac. fol. 48, 1319: procuratores domus s. spiritus, videlicet Wolderus et Johannes de Luneborg; fol. 115, 1361: Hinricus Hoop et Johannes Kyl, provisores domus s. spiritus; fol. 153, 1372: Bertrammus Horborch et Hartwicus de Hacghede, provisores domus s. spiritus; Lib. Redd. S. Jac. fol. 140b, Christianus Militis, Marquardus Woldemari, provisores domus s. spiritus; Lib. Her. S. Jac. fol. 224b, 1400: Marquardus Schreye, Marquardus Woldemari, provisores domus s. spiritus. Vgl. Die milden Privatstiftungen zu Hamburg.

[2]) Hamb. U. B. 1, No. 744: Almarus, provisor domus sancti spiritus; Ztschr. für hamb. Gesch. 1, S. 331, 340, 424.

[3]) Einen sacerdos nennt noch die Urkunde vom 9. Jun. 1288, No. 836.

[4]) No. 891: duos sacerdotes habendi pro necessitate confessionis infirmorum.

[5]) No. 835: pauperes et infirmi; No. 836: pauperes infirmi.

[6]) Die milden Privatstiftungen zu Hamburg (1845) S. XVII; (1870) S. XXXII.

noch höheres Alter darzuthun. 1393 nämlich verzeichnet
das Rentebuch von St. Jakobi eine Verlassung zu Gunsten
"der fremden Kranken, welche im Haus des heil. Geistes,
nämlich in deme ghasthuse, zu Hamburg leben"[1]) und
1316 schenkt Hinrich Blomenberch 2 Mark Rente, zu deren
Zahlung sich die Kirchenvorsteher von St. Katharinen verpflichteten, weil er einen Platz zur Vergrösserung des Ka-
tharinenkirchhofes hergegeben hat, "dem Gasthause (domui
hospitum) der Kirche des heil. Geistes in unserer Stadt"[2]).
— Endlich findet sich auch hier regelmässig die Aufnahme
kinderloser Leute gegen Zuweisung einer bestimmten Summe
oder gegen Ueberlassung ihres ganzen Vermögens, zuweilen
wird auch nur auf einen eventuellen Eintritt in das Hospital Rücksicht genommen[3]); mitunter bedingen sich die
Schenker für diesen Fall einen besseren Tisch aus, sie
sollen, heisst es einmal, an der Tafel des Priesters sitzen
und ebenso essen wie er[4]). Wie es scheint, sind solche
Leute zu verstehen, wo die Quellen von Brüdern[5]), Kon-
versen[6]) und Konventualen des heil. Geist-Hospitals[7]) reden.
Diese Brüder und Schwestern hatten eine Art Ordenstracht
mit rundem Kreuz; ihr Kapitel sollte stattfinden, so oft es
dem Domdechanten und dem Hofemeister passend erscheinen

---

[1]) Lib. Redd. S. Jac. fol. 130b; s. Die milden Privatstiftungen
zu Hamburg (1870) S. XXXII. Anm. 78.

[2]) Lib. Redd. S. Kath. fol. 13; s. Die milden Privatstiftungen
zu Hamburg a. a. O.

[3]) Ztschr. für hamb. Gesch. 1. S. 345, 415, 419.

[4]) Daselbst 1, S. 345; vergl. S. 419.

[5]) Lid. cert. condit. fol. 26, 1285: Bertoldus dictus Vorman re-
ceptus est in domo sancti spiritus in fratrem domus.

[6]) Necrol. capit. Hamb. Mrz. 18: Lutburgis conversa; Apr. 8;
Gerardus conversus; Aug. 23: Alburgis conversa; Lib. cert.
condit. fol. 34b, 1295: Provisores domus sancti spiritus, Godeco
de Bilna et Rodemborg, resignaverunt ex parte ejusdem domus
1 marcam denariorum annuatim pro 10 marcis denariorum
sorori converse ad tempora vite sue, quam provisores dicte
domus ipsi Alburgi singulis annis dabunt; post cujus obitum
cedet ipsa marca domui memorate. — Uebrigens ist der Ausdruck conversus, conversa mehrdeutig: ein Hinricus conversus
morans in domo sancti Georgii. wird in einer Urkunde des
Hospitals St. Georg von 1334 genannt; conversa in der Bedeutung von Beguine begegnet uns Lib. Her. S. Jac. pag. 12 u. 17.

[7]) Lib. Her. S. Jac. fol. 111, 1360 und fol. 133, 1367: Reth-
marus Bredenlo et Johannes Scriptor conventuales domus
sancti spiritus.

würde[1]); über ihre Pflichten erhalten wir Nachricht aus
der Ordnung des Lübecker heil. Geist-Hospitals[2]). Doch
auch ohne Bedingungen solcher Art gingen reiche Schenkungen
für das heil. Geist-Hospital ein: das älteste Stadterbebuch
ist reich an Eintragungen, welche sich darauf beziehen[3]),
und gewiss ist es hervorzuheben, dass es die Bürger Hamburgs sind, welche diese Gaben darbringen, während als
Geschenk der Holsteinischen Grafen nur eine 1247 erhaltene
Fischereigerechtigkeit im Eilbeck nachzuweisen ist[4]). Diese
fortwährend unsere Rentebücher durchziehenden Schenkungen
veranschaulichen in der lebendigsten Weise die Wohlthätigkeit unserer Hamburgischen Bevölkerung, ein reicher Ersatz
dafür, dass wir den Namen des Gründers nicht nachzuweisen
vermögen, weil, um mit Böhmer zu sprechen[5]), "bei solchen
Unternehmungen ein glanzvoller Anfangspunkt, wie bei
Werken der Eitelkeit nicht vorauszusetzen ist."
     Das Hospital St. Elisabeth, Ilsabenhaus, auch der
kleine heil. Geist genannt, ist eine Stiftung des fünfzehnten
Jahrhunderts[6]). Der gewöhnliche Bericht über seine
Gründung lautet bekanntlich, dass Ghese Kletze, die Wittwe
des 1427 hingerichteten Rathmannen Johann Kletze, dasselbe gegründet habe. Doch ergiebt sich aus dem Archiv
des Hospitals, dass dies nicht ganz richtig sei, wenn auch
die Gründungsgeschichte nicht vollständig aufgeklärt werden
kann. Noch zu seinen Lobzeiten hat Johann Kletze mit
seiner Frau das Hospital dadurch gegründet, dass er ein
ihm gehöriges Haus auf der Neuenburg zu einer Wohnung
für 20 Personen einrichtete, welche mit Altersschwäche
oder mit Krankheit beschwert waren. Später ward dann
in der Nikolaikirche, vielleicht auf Veranlassung des Rathes,

---

[1]) Hamb. U. B. 1, No. 891: decanus servabit capitulum cum
   fratribus et sororibus in eadem domo moranciam, qui eciam
   fratres et sorores habebunt habitum religionis cum crucibus
   rotundis, quociens sibi in anno et provisori videbitur expe-
   dire; vgl. No. 836.
[2]) Lüb. U. B. 1, No. 275, von 1263.
[3]) Ztschr. für hamb. Gesch. 1, S. 331, 345, 346, 361, 362, 407,
   415, 419.
[4]) Hamb. U. B. 1, No. 539.
[5]) Bei Janssen, a. a. O.
[6]) Ich behalte mir vor, über dieses Hospital genauere Nachrichten und die dazu gehörigen Belege an anderer Stelle zu
   geben.

eine Kapelle zu Ehren der heiligen Elisabeth erbauet, zum
Seelenheil aller derer, die in dem unglücklichen Kriege
gegen Dänemark "in truwem denste des ghemenen gudes
ere blod geghoten hebben unde verstorven sin." 1436
wurde dann das Andenken des hingerichteten Rathmannen
mit dem Andenken der im Kriege Gefallenen dadurch
verbunden, dass das Armenhaus Kletzos den Leichnams-
geschworenen zu St. Nikolai im Erbebuche zugeschrieben
wurde, und dass sich gleichzeitig eine Brüderschaft der
heil. Elisabeth bildete, welcher unter Anderen die beiden
Bürgermeister Simon von Utrecht und Heinrich Hoier, der
Rathmann Ludolf Melsing und Ghese Klotze angehörten,
und die es als ihren Zweck bezeichnete, das Hospital in
seinem Stande zu erhalten und den armen Einwohnern
desselben vorzustehen. 1441 sanktionirte der Rath diese
Verbindung dadurch, dass er in einer zwar formell etwas
seltsamen, aber ebenso unverdächtigen wie anziehenden
Urkunde gestattete, die Renten der Kapelle sowohl wie die
des Hospitals in einem gemeinsamen Rentebuche zu verzeichnen. -
  Ursprünglich beherbergte das Hospital 20 Personen
beiderlei Geschlechts; doch muss es in der zweiten Hälfte
des fünfzehnten Jahrhunderts in ein Hospital oder Armenhaus für Frauen umgewandelt sein. Die Insassen sollen,
soweit sie dazu im Stande sind, bei den häuslichen Arbeiten
mit Hand anlegen; wenn sie ausgehen, müssen sie im
Sommer Abends um 9, im Winter um 8 Uhr wieder nach
Hause kommen; zu ihrer Pflege sind vier Personen angestellt. Ausser der Wohnung und Beköstigung erhielten
sie Kleidung (scho, zokken, kledere), Feuerung (kolen) und
nach ihrem Tode ein unentgeltliches Begräbniss. Ein Bad
war ursprünglich mit dem Hause nicht verbunden, daher
stiftete Reyneke vom Kroge 1449 eine Rente, aus der
viermal jährlich jedem Armen, ehe er ins Bad ginge,
1 Pfenning, und wenn er wieder herauskäme, 5 Pfenninge
verabreicht, und ausserdem der Matrone des Hauses 2 Schil-
linge gegeben werden sollten, 1 Schilling, damit sie die
armen Leute im Bade um so besser abfege und reinige,
der andere, damit sie das Leinenzeug der Badenden wasche;
1472 wurde beschlossen, dass ein eigener Staven (Bad)
gebaut werde. Das Hospital stand unter der Leitung einer
Schafferin, wohl der eben erwähnten Matrone. Die Vorsteher waren die Aelterleute der St. Elisabeth-Brüderschaft.

Wenn dieselben Rechnung ablegten, waren die rath-
männischen Vorsteher des heil. Geist-Hospitals gegen-
wärtig; der Rath bestimmte freilich 1441, dass diese einen
etwaigen Ueberschuss an sich nehmen und zum Besten
des heil. Geist-Hospitals verwenden sollten, doch ist dies
wohl niemals, seit 1473 (von da an sind die Abrechnungen
erhalten) gewiss nicht geschehen. Gross war das Vermögen des Hauses übrigens nicht: 1473 gab es 480 ℔
Rente, doch musste davon eine Leibrente von 40 ℔
bezahlt werden; 1507 betrug die Einnahme, inklusive
eines Saldos von 32 ℔ 10 Pf. von 1506 und nachträglich
eingegangener 27 ℔ 9 ß, 888 ℔ 2 ß 2 Pf., die Ausgabe
686 ℔ 9 ß 10 Pf. Die Vermögensmehrung geschah
durch Schenkungen, namentlich durch Schenkungen auf
Todesfall, und durch den Verkauf der Anwartschaft auf
erledigte Stellen.

Nur kurz erwähnen will ich schliesslich des Hiobs-
Hospitals oder Pockenhauses, das seinem Charakter
nach durchaus mittelalterlich, doch erst im sechszehnten
Jahrhundert entstand, indem es 1505 von Hans Treptow
für die mit der Lustseuche Behafteten gegründet wurde.

Die wenigen Nachrichten über die Hospitäler sollen
natürlich den Stoff nicht erschöpfen, in Bezug auf welchen
uns reiche Quellen fliessen. Denn, was ich dem Hamburger
Leser nicht erst zu sagen brauche, alle diese Hospitäler
sind erhalten und erfüllen als Versorgungsanstalten für alte
Leute im Wesentlichen noch heutigen Tages dieselben
Zwecke, die ihren Gründern vor Jahrhunderten vor-
geschwebt. Die Insassen des Hospitals St. Elisabeth sind
in das leer gewordene Franziskanerkloster der heil. Maria
Magdalena übergesiedelt, das Gasthaus des heil. Geist-
Hospitals ist stark genug geworden, für sich zu bestehen,
und ist vom Burstah erst nach dem Neuenwall, dann nach
der Vorstadt St. Georg gewandert; die Hospitäler St. Georg,
zum heil. Geist und Hiob stehen noch heute auf ihrer alten
ehrwürdigen Stelle. Und wie sich selbst, so haben die Spitäler auch ihre Archive erhalten, ihre Urkunden und
Bücher, die, wenn auch mit dürren Worten, doch dankbar
über die Wohlthäter der Anstalten Auskunft geben, während
die geschenkten Kleinodien vielfach abhanden gekommen
sind, errichtete Bauten darniederliegen, von gestifteten
Prunkfenstern keine Spur mehr vorhanden ist und Gedächt-
nissbilder in Rumpelkammern verfaulen. Littera scripta

manet predigen diese Archive, deren Urkunden und Akten
die höhere Bildung der Jetztzeit nicht mehr verborgen
hält, sondern sie bereitwillig der Benutzung der Forscher
überlässt. Da gilt es denn zu verhüten, dass ein un-
glücklicher Zufall vernichten könne, was ein halbes Jahr-
tausend hindurch treulich bewahrt ist; es gilt die Verviel-
fältigung, die Bearbeitung. "Eine Bearbeitung eines solchen
Archivs," so sei mir mit einem Worte Böhmers zu sagen
gestattet, „erneuert das Andenken der Stifter, erläutert den
Zweck der Stiftung und erhält derselben die Achtung und
die Theilnahme der Zeitgenossen."

# 7. Uebersicht.

Dem Mittelalter eigenthümlich und aus den altkirch-
lichen Anschauungen hervorgegangen war die Sorge für
das Seelenheil, welche sich in der Bestellung von Anni-
versarien oder Memorien, sowie in der Stiftung von Kirchen,
Klöstern, Kapellen, Hospitälern, Vikarieen, Almissen und
Kommenden äusserte und zu dem Zusammentreten von
Brüderschaften Veranlassung gab.
Die Armenpflege war verhältnissmässig ausserordentlich ausgebildet. — Waisenhäuser freilich gab es im mittelalterlichen Hamburg nicht, und ich vermag nicht nachzuweisen, wie man für die Waisen gesorgt hat. — Auch Findel-
häuser gab es im Mittelalter nicht; aus den Kämmereirechnungen erhellt, dass der Staat eintrat, wenn ein Find-
ling zu versorgen war [1]). Unsere Armenschulen gehen nicht
über das 16. Jahrhundert zurück, aber Schenkungen für
arme Schüler (scholares pauperes) der Domschule sind schon
aus dem 13. und 14. Jahrhundert nachzuweisen. — Stipendien für den Besuch der Universitäten sind seit dem 15.
Jahrhundert bekannt. Um nur Einiges anzuführen, so
hatte der Schwiegervater des unglücklichen Johann Kletze,
der Rathmann Marquard Schreye, eine Rente von 20 Mark
ausgesetzt [2]), "dar me schal van holden enen studenten
in studio na lude synes testamentes". Der Domherr Dietrich Röle hatte eine Rente von 5 Mark bestellt, welche

---

[1]) Koppmann, Kämmereirechnungen 1, S. 348: 12 $\beta$ pro custo-
dia infantis expositi; S. 390: 1 $\mathfrak{K}$ ad nutriendum quendam
puerum; S. 414: 16 $\beta$ cuidam mulieri ad nutriendum quendam puerum expositum; S. 436: 16 $\beta$ ad nutriendum puerum;
S. 461: 8 $\beta$ ad nutriendum infantem; S. 464: 8 $\beta$ ad nutriendum infantem.

[2]) Testament der Ghese, Wittwe des Rathmanns Johann Kletze,
von 1443 Aug. 9: van mynes vaders testamentes weghen
twintich mark gheldes uet Albert Screyen huse, beleghen by
der molen in sunte Nicolawes kerspel, dar me schal van holden enen studenten in studio, na lude synes testamentes.

abwechselnd einem armen Studenten zum Stipendium und
einem armen Mädchen zur Aussteuer gegeben werden
sollte [1]). Der Dominikaner Dr. theol. Hermann Meyger
erwarb für 480 Pfund Lübisch eine Rente von 24 ₰ von
der Stadt; dafür sollten jährlich zwei Studenten aus dem
St. Johanniskloster, welche in Köln studiren würden, jeder
12 ₰ erhalten; bei der Verleihung sollte ein geborener
Hamburger den Auswärtigen vorgezogen werden [2]). Der
Domherr Joachim Langwedel stiftete drei Stipendien aus
der Miethe seines Hauses; es sollte dieselbe zu gleichen
Theilen vergabt werden an drei "rechtschaffene und arme,
aber nach Höherem strebende Magister der freien Künste"
(pro tribus artium magistris, probis et indigentibus, ad
altiora tamen tendentibus); die Stipendien sollten sie auf
6 Jahr erhalten und Theologie oder Jura treiben [3]). — Aus-
steuern von Mädchen wurden den Stipendien der Studenten gleich geachtet; der Stiftung des Domherrn Dietrich
Röle habe ich schon gedacht; der Domvikar Segeband Stör
setzte eine Salzrente von etwa 60 Mark aus, von donen
zwei Drittheile einem armen zum Studium geeigneten Geistlichen und ein Drittel einem armen Mädchen bei ihrer
Verlobung gegeben werden sollten [4]). Auch der Domdechant
Johann Bennin [5]) und der Domherr Dr. Johann Haue [6])
haben auf solche Unterstützungen Bedacht genommen. —
Unentgeltliche Bestattung ist, wie schon erwähnt, in den
Statuten der Brüderschaft der reitenden Diener berücksich-
tigt und wurde vermuthlich auch von der Elenden-Brüderschaft besorgt. — Armenhäuser, in denen nicht nur
Wohnung, sondern auch Kost, Kleidung und Feuerung vor-

---

[1]) S. die Urk. v. 1525 Nov. 28. Staphorst I, 2, S. 344; das
    undatirte Testament selbst ist auf dem Stadtarchiv.
[2]) Testament von 1510 daselbst.
[3]) Testament von 1500 daselbst.
[4]) Meyer, Gesch. des Hamb. Schul- und Unterrichtswesens S. 365:
    De sexaginta autem marcis — dabuntur due tercie uni pau-
    peri clerico abili ad studium singulis annis per quinquen-
    nium —; reliqua tertia — dabitur uni pauperi puelle bone
    fame in die purificationis beate Marie. circa illud tempus
    desponsate vel desponsande.
[5]) Testament von 1463 auf dem Stadtarchiv.
[6]) Ich vermag dieses Testament nicht nachzuweisen; Lappenberg
    erwähnt desselben. Die milden Privatstiftungen (1845) S. XXII.

abreicht wurde, sind wohl nur durch das Hospital St. Elisabeth vertreten. — Versorgungs-Anstalten in gewissem Sinne sind die Präbendeu der Hospitäler St. Georg und zum h. Geist für arme alte Leute, und für unverheirathete Frauen das Kloster zu Herwardeshude und der Konvent. — Freiwohnungen oder sog. Gotteswohnungen stifteten z. B. Johann Kodlove[1]) und Hermann Monik im 15. Jahrhundert[2]). — Spenden von bestimmten Gerichten, von Bier, Wurst, Kohlen, Geld u. s. w. kommen namentlich für die Iusassen der Spitäler unzählige Male vor; nur vereinzelt begegnet uns 1358 auch abseiten der Stadt eine Vertheilung von 100 Paar Stiefel an die Armen[3]). — Seelbäder waren Stiftungen zur Verabreichung von Bier oder Geld zur Erquickung der Armen, welche die Badstube besuchten; man hoffte durch Dotirung derselben die im Fegefeuer leidende Seele zu erquicken. — Unterstützung von Hausarmen wird in den meisten Testamenten ausgesprochen und vermuthlich in den meisten Häusern wohlhabender Familien ausgeübt. — Almosen an Arme, die man um Gottes willen (dor God, propter Deum) austheilt, sind, möchte ich sagen, nachzuweisen, soweit wir von Hamburgischer Geschichte wissen.

Die Krankenpflege war dem mittelalterlichen Standpunkt der Heilkunde angemessen. Das heil. Geist-Hospital war gewissermassen das Allgemeine Krankenhaus des mittelalterlichen Hamburg, und ich habe schon darauf hingewiesen, wie aus allen Schichten der Bevölkerungen Schenkungen an dasselbe eingingen. Besondere Krankenhäuser waren das St. Georgs-Hospital für die Aussätzigen und das Hiobs-Hospital für die mit der Lustseuche Behafteten. Die Thorenkiste nahm auf Kosten der Stadt die unbemittelten Irrsinnigen auf, insofern sie geborene Hamburger waren[4]). Eigene Krankensäle waren ausserdem in den Klöstern und klösterlichen Stiftungen. Für die Unterstützung erkrankter Mitglieder endlich sorgten die Brüderschaften.

Echt mittelalterlich war die Verpflegung der Fremden. Herberge und Krankenhaus der Gäste — der

---

[1]) Testament von 1450.
[2]) Testament von 1464.
[3]) Koppmann, Kämmereirechnungen 1, S. 65.
[4]) Koppmann, Kämmereirechnungen 1, S. LXXXI.

Elenden, wie das Mittelalter die Heimathlosen nannte —
war das Gasthaus, anderswo Elendenherberge genannt. Ihre
Unterstützung hatte sich die Elenden-Brüderschaft zur Auf-
gabe gemacht, welche unter 12 Vorstehern, 2 lebensläng-
lichen Ober-Aelterleuten und 2 auf zwei Jahre gewählten
Aelterleuten stand und 7 Priester angestellt hatte. Ein
besonderer Kirchhof nahm die Leichen der verstorbenen
Gäste auf, der wüste oder Elenden-Kirchhof, auf dem man
die Kapelle der h. Gertrud errichtete und der dann nach
dieser genannt wurde [1]).

Die Uebersicht, die ich dem Leser über die Art und
den Umfang der mittelalterlichen Wohlthätigkeit Hamburgs
habe bieten wollen, ist damit geschlossen. Absolut Neues
zu bringen, muss ich wiederholen, ist ebenso wenig meine
Absicht gewesen, wie erschöpfende Behandlung des Stoffes.
Hier und da habe ich wohl anzudeuten gesucht, wo dem
Forscher in der Hamburgischen Geschichte ein fruchtbares
Feld zu wissenschaftlicher Arbeit sich biete, vor Allem
aber ist es mir darauf angekommen, denjenigen, welche
nicht Fachmänner sind, eine Skizze aus dem mittelalterlichen Leben unserer Vaterstadt zu zeichnen. Vergleiche
anzustellen und Schlüsse zu ziehen, das, meine ich, ist eine
Arbeit, die sich der denkende Leser nicht gern wird nehmen lassen, und so habe ich meinerseits darauf verzichtet.
Dagegen hat es mir zuweilen wohl nöthig erschienen, mit
einem Worte darauf hinzuweisen, welcher Standpunkt bei
der Beurtheilung des Geschilderten eingenommen werden
müsse, damit nicht ein unrichtiger Maassstab angelegt werden könne. Volle Würdigung der Gegenwart schliesst ja
nicht aus, sondern bedingt die genaue Betrachtung der Ver-
gangenheit und die Pietät gegen diejenigen ihrer Institutionen, welche nicht mit gerechten d. h. höheren For-
derungen der Jetztzeit in Widerspruch stehen, denn "die
Geschichte — so schliesse ich mit einem ebenso einfachen
wie inhaltsvollen Worte — lehrt die Gegenwart verstehen
und würdigen".

_____ _ _____

[1]) Ueber diesen Kirchhof werde ich das Nähere gelegentlich
beibringen.

———<>c<>——